INVENTAIRE
V 16,901

AF319362

# PROTECTION ET LIBRE-ECHANGE

## ÉTUDE

Sur les systèmes économiques appelés Protecteur et Libre-Échangiste et sur la situation commerciale de la France en 1869.

Recherche des véritables causes de souffrance de l'Industrie cotonnière et de l'Industrie maritime

### Par M. R. QUESNEL

NÉGOCIANT-ARMATEUR.

## 2me ÉDITION

HAVRE

Imprimerie de G. CAZAVAN et Cᵉ, rue Saint–Julien, Nᵒ 16.

—

1870

# PROTECTION ET LIBRE-ECHANGE

## ÉTUDE

Sur les systèmes économiques appelés Protecteur et Libre-Échangiste et sur la situation commerciale de la France en 1869.

Recherche des véritables causes de souffrance de l'Industrie cotonnière et de l'Industrie maritime.

## Par M. R. QUESNEL

NÉGOCIANT-ARMATEUR.

## HAVRE

Imprimerie de G. CAZAVAN et Cᵉ, rue Saint-Julien, Nᵒ 16.

### 1870

# PRÉFACE

Quand, il y a peu de temps encore, les questions de protection ou de liberté commerciale étaient soulevées, on laissait parler seuls ceux qui, pensant trouver leur salut dans la protection du Gouvernement, demandaient l'intervention de ce dernier dans des questions qui n'eussent jamais dû sortir du domaine privé.

Il y avait trois raisons pour qu'il en fût ainsi :

La première, était que le système qu'il fallait renier était tellement entré dans les mœurs et les convictions du pays, qu'on ne pouvait espérer réussir à faire écouter une théorie contraire qu'au prix d'efforts surhumains ;

La deuxième, que les divers ministres, qui se succédaient au pouvoir, avaient l'énorme illusion que, pour être fort, un Gouvernement devait être le dispensateur de toutes les ressources du pays, afin de mieux maîtriser les opposants et s'attirer des partisans ;

Enfin, la troisième et la plus forte était que les partisans du système de libre concurrence, réussissant déjà sous le système régnant, n'osaient élever la voix de peur d'être accusés de vouloir écraser ceux qui se plaignaient.

Cependant les principes, défendus par les économistes et les théoriciens, firent leur chemin, et quoique lentement progressèrent régulièrement jusqu'en 1860 époque où le Gouvernement décida de faire pendant quelques années, au moyen des traités de commerce, un modeste essai du régime de la liberté commerciale.

Les libre échangistes, restés jusque-là dissimulés, surpris même par l'inattendu de ces traités, par ce coup d'Etat économique, furent quelque temps avant de se mettre en mouvement ; mais bientôt ils se préparèrent à la lutte, et, en quelques années, on constata des opérations nouvelles, inconnues sous l'ancien régime, et loin cependant d'être faites dans les meilleures conditions, puisque le régime nouveau n'était encore qu'un régime bâtard de demi-liberté.

Aujourd'hui que tout est prêt pour le combat, qu'il existe de grandes chances de succès, un certain nombre de personnes, qui n'ont pas compris leur temps et leur époque, qui ne voient pas que les affaires maintenant développées, demandent d'autres aliments que les besoins de la consommation nationale, voudraient revenir aux errements d'un passé pendant lequel leurs situations personnelles étaient plus prospères qu'aujourd'hui.

Elles ne s'aperçoivent pas que, depuis lors, tout a changé, et que la protection fùt-elle rétablie, il faudrait pour qu'elle fit du bien, remettre toutes les questions de productions, de transports, de communications, de consommations, dans les mêmes conditions qu'elles étaient autrefois.

Comme aujourd'hui de pareilles prétentions seraient nuisibles à des intérêts nouvellement créés ; comme il faudrait détruire de grandes opérations commencées, il est devenu obligatoire, pour tous ceux que le triomphe du régime protecteur ferait succomber, d'élever la voix dans l'intérêt de la fortune nationale, qui est en même temps e leur.

Le but de ce travail est donc un but de légitime défense, et c'est pourquoi, en le faisant, l'auteur a dù laisser de côté presque toutes considérations d'amitié ou d'intérêt pour des personnes qui sont de la meilleure foi.

Convaincu qu'en circonstances aussi graves, on doit dire ce que l'on croit, tout ce que l'on sait ; il a apporté dans cette étude tous les soins possibles pour en faire un travail sérieux, et à la hauteur des circonstances.

# PROTECTION ET LIBRE-ÉCHANGE

## ÉTUDE

Sur les systèmes économiques appelés Protecteur et Libre-Échangiste et sur la situation commerciale de la France en 1869.

Recherche des véritables causes de souffrance de l'Industrie cotonnière et de l'Industrie maritime.

Le Havre, qui n'aurait aucune raison d'exister, s'il ne devait pourvoir à l'alimentation de l'industrie du nord de la France ; mais qui doit en même temps provoquer le passage, par son port, du plus grand nombre de produits, soit uniquement comme transit, soit comme alimentation ou débouché de l'industrie nationale, n'a pu voir l'agitation commerciale et industrielle qui règne en France depuis plusieursmois sans y prendre un vif intérêt.

Aussi sa Chambre de Commerce a-t-elle cru devoir prendre position dans la lutte engagée entre les anciens principes de la protection commerciale et la nouvelle école de l'abolition de cette protection.

Elle a nommé une Commission de cinq membres pour lui faire un Mémoire sur les systèmes économique et douanier inaugurés en 1860 (1).

S'inspirant, en outre, de l'esprit qui lui a paru dominer sur la place et qui domine dans son sein, elle a posé, comme base, que ce Mémoire serait rédigé dans le sens du régime libéral modérément protecteur inauguré en 1860 (2).

La Commission s'est livrée avec soin à l'étude de la question qui lui était soumise ; les divers intérêts en cause ont été dans son sein chaudement discutés dans un sens comme dans l'autre. En fin de compte, elle a penché pour l'opinion que les mesures prises en 1860 ont été très avantageuses à l'ensemble du commerce et de l'industrie nationale ; mais elle est convenue toutefois que l'industrie cotonnière et l'industrie maritime, éprouvant des souffrances sérieuses, il importait de rechercher les causes véritables de leur fâcheuse situation.

Depuis bien des années, deux opinions tranchées et diamétralement opposées divisent en deux camps tous ceux qui s'occupent d'industrie et de commerce.

Les uns voudraient que par des moyens spéciaux et arbitraires (lois d'Etat, corporations, associations ou coalitions d'intérêts similaires) on assurât au commerce et à l'industrie des bénéfices réguliers, juste rémunération des peines et des risques des affaires. — Ils voudraient, par de tels moyens, mettre le travail à l'abri des fluctuations causées par les excès ou déficits de production, par l'offre et par la demande.

---

(1) Cette Commission était composée de :

    **MM**. Masquelier, président.
        H. Delaroche.
        J. Lockhart.
        R. Quesnel.
        J. Siegfried.

(2) Voir appendice lettre de l'Empereur, page 67.

Les autres, croyant que de tels moyens ne sauraient qu'entraver le développement des transactions ; que pour produire un véritable bien il faudrait pousser la protection à l'extrème et limiter le nombre des carrières à quelques individus privilégiés ; que le bien-être momentané que ces moyens procureraient aux uns ne serait acquis qu'au détriment d'autrui et de la masse ; que même le travailleur protégé s'énerverait et ne pourrait bientôt plus se soutenir que par des protections greffées les unes sur les autres, repoussent de la manière la plus énergique les idées de leurs contradicteurs, et demandent, *sauf certains ménagements à observer pendant la période de transition*, que le plus tôt possible le commerce soit laissé sous la loi commune de libre exercice et de libre concurrence.

Ils soutiennent que de même que les douanes intérieures, les corporations, les jurandes et maîtrises étaient un malheur pour le pays, de même le pays serait plus prospère si les rapports avec l'étranger étaient facilités au lieu d'être entravés.

Ils sont convaincus que la France peut prétendre à une des premières positions industrielles et commerciales du monde ; qu'elle n'a besoin, pour y arriver, que d'avoir confiance en elle et d'être encouragée à briguer la part qui lui revient dans les affaires avec les pays lointains.

*Ils se plaignent que le système, si longtemps suivi, de proclamer du haut de la tribune politique toutes les faiblesses de notre pays, ait fait croire aux étrangers qu'on ne pouvait être aussi bien servi en France que dans les autres pays, et aux nationaux qu'ils étaient fatalement condamnés à l'infériorité.* Suivant eux, de là vient une grande partie du mal que notre industrie rencontre aujourd'hui à se créer des débouchés au dehors, et le peu de confiance en eux de nos meilleurs et plus habiles industriels.

En effet, comment veut-on que les familles continuent l'œuvre commencée par le chef ; que dans les moments difficiles le banquier prête les fonds nécessaires pour attendre les temps meilleurs, si tout le monde est sous l'impression qu'on doit fatalement succomber dans la lutte.

L'arbitraire de la protection est aussi, suivant eux, une cause essentielle de discrédit pour l'homme d'affaires. Il suffit qu'inopinément, un ministre convaincu des souffrances d'une catégorie d'industriels, prenne des mesures arbitraires, pour ruiner d'autres catégories qui prospéraient avec confiance dans leur droit, qui n'était que le droit commun. Les décrets du

9 janvier relatifs aux admissions temporaires et aux acquits à caution viennent à l'appui de ceci ; même en admettant qu'il y eût quelque chose à faire dans la question des acquits à caution concernant les fers et les sucres.

Pour eux, tant que tels principes prévaudront, il n'y aura pas de commerce possible (1).

Plusieurs faits, malheureusement trop isolés encore, commencent cependant à prouver qu'en bien des cas la France l'emporte sur l'étranger. N'est-il pas permis de croire qu'avec encore un peu de persistance, ces faits vont se multiplier, et qu'alors les progrès seront rapides, car les débuts en toute chose sont toujours le plus difficile.

Lorsque le travail vient et augmente, les frais généraux diminuent proportionnellement, et tout se produit dans de meilleures conditions.

Tout le monde est du reste d'accord pour constater que, dans l'ensemble, sous l'empire du régime économique inauguré en 1860, les affaires de la France ont suivi une progression constante.

Le tableau suivant, dressé d'après les chiffres des douanes, en donne une idée générale. Ces chiffres peuvent ne pas être absolument exacts ; mais suffisent néanmoins pour constater la marche générale du commerce.

## RÉSUMÉ DU COMMERCE SPÉCIAL DE LA FRANCE

(En millions de francs)

| | 1855 | 1856 | 1857 | 1858 | 1859 | TOTAL |
|---|---|---|---|---|---|---|
| Exportation | 1.557 | 1.893 | 1.863 | 1.887 | 2.266 | 9.468 |
| Importation | 1.594 | 1.989 | 1.872 | 1.662 | 1.640 | 8.657 |
| Totaux | 3.151 | 3.882 | 3.737 | 3.549 | 3.906 | 18.125 |
| | 1863 | 1864 | 1865 | 1866 | 1867 | TOTAL |
| Exportation | 2.642 | 2.924 | 3.088 | 3.180 | 2.825 | 14.659 |
| Importation | 2.426 | 2.528 | 2.641 | 2.793 | 3.026 | 13.414 |
| Totaux | 5.068 | 5.452 | 5.729 | 5.973 | 5.851 | 28.073 |

(1) Voir appendice A 1, pages 69 et 70.

          

Au point de vue de nos rapports avec l'Angleterre, le nouveau Tableau ci-dessous, de même origine que le précédent, prouve que ce développement a eu lieu à l'avantage de la France.

## RÉSUMÉ DU COMMERCE SPÉCIAL AVEC L'ANGLETERRE

(En millions de francs)

| | 1855 | 1856 | 1857 | 1858 | 1859 | TOTAL |
|---|---|---|---|---|---|---|
| Exportation | 307 (228) | 372 (257) | 291 (300) | 426 (330) | 591 (425) | 1.987 (1.540) |
| Importation | 278 (260) | 336 (260) | 321 (280) | 261 (225) | 278 (235) | 1.474 (1.260) |
| Totaux | 585 (488) | 708 (517) | 612 (580) | 687 (555) | 869 (660) | 3.461 (2.800) |
| Excédant des Exportations sur les Importations | + 29 (— 32) | + 36 (— 3) | — 30 (+ 20) | + 165 (+ 105) | + 313 (+ 190) | + 513 (+ 280) |

| | 1863 | 1864 | 1865 | 1866 | 1867 | TOTAL |
|---|---|---|---|---|---|---|
| Exportation | 799 (600) | 891 (640) | 990 (790) | 1.140 (925) | 896 (842) | 4 716 (3.797) |
| Importation | 592 582 | 567 (595) | 599 (625) | 637 (665) | 551 (575) | 2.946 (3.042) |
| Totaux | 1.391 (1.182) | 1.458 (1.235) | 1.589 (1.415) | 1.777 (1.590) | 1.447 (1.417) | 7.662 (6.839) |
| Excédant des Exportations sur les Importations | + 207 (+ 18) | + 324 (+ 54) | + 391 (+ 165) | + 503 (+ 260) | + 345 (+ 267) | +1.770 (+ 775) |

Et pour ceux qui mettraient en doute les statistiques des douanes françaises, il convient d'ajouter que les statistiques officielles anglaises accusent les chiffres mis entre parenthèses au-dessous des chiffres principaux. On remarquera de profondes différences sur les valeurs des expéditions de France en Angleterre, ce qui doit tenir à ce que des produits français ne font que transiter par l'Angleterre; mais les valeurs des expéditions d'Angleterre sur France sont sensiblement les mêmes, et ce sont surtout ces chiffres qu'il faut examiner. En 1855 et 1856, d'après les chiffres anglais en pleine période de protection, nous importions plus d'Angleterre que nous n'y exportions !!

2

En réfléchissant que des chiffres anglais il faut déduire les valeurs incombant aux matières brutes tirées des entrepôts anglais pour le plus grand bien de notre industrie, particulièrement laines, cotons et houille, on conviendra promptement que les produits fabriqués entrent pour une proportion modérée dans les importations d'Angleterre en France (1).

Dans tous les cas, depuis 1858, les chiffres de nos exportations sont très supérieurs à ceux de nos importations, et ils sont loin, par conséquent, de faire entrevoir la décadence industrielle de notre pays.

En outre, suivant les tableaux anglais ; les exportations de France en Angleterre, qui étaient, en 1854, de 10 1/2 millions de livres sterling, passent à 18 millions en 1860 et à 34 en 1867. Par contre, les importations d'Angleterre en France, qui étaient de 6 1/2 millions en 1854, sont de 13 en 1860 et de 23 en 1867.

Il est vrai que récemment les partisans de la protection affirmaient que les progressions actuelles étaient, en pourcentage, beaucoup moindres que 'les progresssions d'il y a vingt ans. On a pu se demander si c'était sérieusement que de pareils arguments étaient mis en avant. Jadis, le problème de l'échiquier et de ses progressions était connu de tout le monde, et dès son temps de collége, on savait qu'en mettant un grain de blé sur la première case, deux sur la seconde, quatre sur la troisième, et ainsi de suite, on ne trouverait pas dans le monde assez de blé pour couvrir l'échiquier. N'est-il pas évident, de même, que celui qui avec 100,000 fr. de capital gagne 100,000 fr., fait 100 0/0 de bénéfices, et que si l'année suivante il gagne 150,000 fr., il ne fait cependant que 75 0/0 de son nouveau capital, tout en ayant un bénéfice de 150,000 fr. contre 100,000. Il suffit de citer ces faits pour prouver combien certains raisonnements sont souvent spécieux.

Les partisans de la protection invoquent fréquemment les charges qui pèsent sur les Français et qui, disent-ils, n'existent pas dans les autres pays. Il est difficile de partager entièrement leur opinion quand on a examiné de près des comptes d'opérations faites en Angleterre et ailleurs.

---

(1) Tous ces renseignements existent plus complets dans les statistiques officielles françaises et anglaises. On peut se procurer facilement ces dernières, chez Mess. Eyre and Spottiswood Queen's, printers, East Harding street, Feter-Lane, London, E. C. — Statistical abstract for United-Kingdom, 1854 à 1868. — Statistical Tables relating to foreign countries, part. XI, Miscellaneous statistics of United-Kingdom, part. VII.

Est-il un impôt plus lourd que « l'income-tax », et dès que l'on voit dans un pays le pain, la viande et la main-d'œuvre plus cher que dans le sien, est-il permis de supposer que tout est à meilleur marché dans ce pays que chez soi ? Plus loin la question des armements maritimes sera traitée en détail ; mais si on prend les marchandises à leur entrée à Liverpool ou à Londres, on verra par les tarifs des Docks qu'une tonne de 1,000 kilog. de laine ou de coton coûte en manutentions et magasinages, depuis le moment où on la prend dans la cale jusqu'au moment où on la met en wagon pour sa réexpédition, de 25 à 30 0/0 de plus que la même tonne importée au Havre.

On objecte souvent que les établissements industriels anglais ont le charbon sur place et sont dans de meilleures conditions que ceux de France. Beaucoup d'établissements sont, en effet, à ce point de vue, dans de meilleures conditions que ceux de France, mais tous n'y sont pas, et généralement les filatures ne sont pas sur les mines de charbon.

Pour les articles que l'on ne produit, comme le fer, qu'avec beaucoup de houille, cette observation peut être juste ; mais dans un objet fabriqué et dans les machines mêmes, pour combien entre la matière par rapport à la main-d'œuvre ? Cette dernière est tellement meilleur marché en France, qu'on la prodigue trop souvent jusqu'au gaspillage.

Il ne faut pas, non plus, ne vouloir agir qu'à la condition d'être supérieur en tout et partout à son voisin, et si l'industrie en France a la main-d'œuvre à meilleur marché, l'usage gratuit de travaux publics, et l'avantage de tenir au Continent, celle de l'Angleterre doit bien avoir d'autres avantages en compensation, sous peine de ne pouvoir résister à la France.

Il est vrai qu'il reste encore à la France quatre charges excessivement lourdes, et dont l'intérêt public réclame le prompt allégement.

D'abord la conscription, qui prend l'homme à vingt ans, époque du développement de ses plus belles qualités, et ne le rend au pays qu'à vingt-neuf ans, après en avoir fait un homme passif, ayant perdu l'habitude de pourvoir à ses besoins et de prévoir l'organisation de sa vie.

Ensuite la centralisation administrative, qui continue à l'égard des citoyens le système suivi à l'égard du soldat par la hiérarchie militaire.

Troisièmement, l'impôt foncier et les droits de succession, qui sont ruineux pour les propriétaires et ne sont établis que pour suffire à toutes les dépenses qui, suivant un usage des plus funestes, incombent à l'Etat au lieu d'incomber aux particuliers selon l'ordre naturel (1).

Enfin, quatrièmement, l'absorption par l'Etat de tous les travaux d'utilité publique et leur mise à la disposition de tous les citoyens, soi-disant gratuitement, mais plus véritablement au moyen d'un accroissement d'impôts.

D'où, insuffisance continuelle des travaux entrepris par l'Etat ; inutilité pour les esprits intelligents de s'ingénier à améliorer le sort de leur localité, puisqu'en droit l'Etat doit y pourvoir et qu'en fait ils ne peuvent espérer tirer un profit de leurs entreprises, en concurrence avec les travaux de l'Etat dont le loyer est nul.

La population s'habitue tellement à vivre de cette charité socialiste, qu'elle est toujours disposée à considérer comme l'exploitant celui qui prétend à une rémunération de son travail et de ses dépenses. Si l'Etat, en continuant à faire ses travaux aussi bien finis, établissait un tarif produisant 3 ou 5 0/0 de ses dépenses, les particuliers, qui feraient moins bien, mais cependant encore très suffisamment bien, tireraient 7 à 10 0/0 de leurs dépenses, avec les mêmes perceptions. Chacun s'enrichirait et le pays prospérerait. Le gouvernement pourrait consacrer 75 0/0 de ces revenus à l'amélioration de la localité où ils seraient perçus et faire des 25 0/0 un fonds commun destiné aux départements pauvres. De cette façon, l'Etat encouragerait et serait en même temps pondérateur. Il n'éteindrait pas tout comme il le fait aujourd'hui, ne laissant guère aux Français d'autres carrières que celles de politiciens, d'économistes théoriciens, de fonctionnaires civils ou militaires.

De ce système découle un des plus funestes résultats pour le pays, et on peut presque dire son appauvrissement général.

Quelques protectionnistes ajouteront que l'Angleterre n'est pas le seul pays étranger avec lequel la France ait à lutter et qu'il est d'autres pays où tout est plus économique qu'en Angleterre. En effet, tel est souvent le cas ; de même qu'il est en France des provinces où la vie est moins chère que dans d'autres. Mais est-ce à dire pour cela que ces provinces soient plus favorables à l'industrie, que d'autres où la vie est plus chère parce qu'on y réussit mieux et qu'on est plus au centre du mouvement commercial ? Le sort de l'Espagne

_______________

(1) Voir appendice Note A 2, page 71 et suivantes.

et de l'Italie où tout est à bon marché est-il enviable pour la France ? L'Angleterre n'est-elle pas là pour prouver que la cherté de tout n'éteint pas les affaires ; que cette cherté est la conséquence d'une plus grande prospérité générale et qu'elle se supporte facilement quand chacun gagne facilement sa vie.

Avec le développement commercial de la France, il faut prévoir le renchérissement de toutes choses, mais qu'est-ce que cela pour celui qui travaille et n'est-ce pas là la véritable vie à bon marché ? L'ouvrier que l'on paie plus cher aujourd'hui dépensera davantage demain, et, consommant davantage, remboursera ainsi partie du surplus qu'on lui aura donné. Il achètera aussi plus facilement la viande de l'agriculteur, la maison que l'on voudra vendre, et par les transactions plus multiples toutes les fortunes ne seront-elles pas mieux assises, en ce sens qu'elles seront plus facilement réalisables au moment difficile que chacun est exposé à rencontrer dans sa vie.

Mais il faut maintenant aborder les questions relatives aux deux industries qui se plaignent le plus en ce moment.

L'industrie cotonnière éprouve depuis 1866 un malaise dont on n'entrevoit pas la fin. Après avoir laissé fonctionner pendant cinq ans les traités de commerce, presque sans s'apercevoir de leur existence, elle élève subitement la voix pour rejeter sur eux tout le mal dont elle souffre.

Y a-t-il donc eu dans les trois dernières années un surcroît considérable d'importations de filés ou de tissus de coton ?

Les tableaux de douane répondent comme suit :

## FILÉS ET TISSUS DE COTON (Commerce spécial).

(En millions de francs.)

| | | 1863 | 1864 | 1865 | 1866 | 1867 | Totaux |
|---|---|---|---|---|---|---|---|
| Exportations | Tissus. . . . | 88 | 93 | 93 | 86 | 57 | 417 |
| | Filés. . . . . | 2 | 2 | 2 | 2 | 1 | 9 |
| | Totaux . | 90 | 95 | 95 | 88 | 58 | |
| Importations | Tissus . . . . | 8 | 9 | 10 | 23 | 18 | 68 |
| | Filés. . . . . . | 7 | 7 | 11 | | 9 | 48 |
| | Totaux . | 15 | 16 | 21 | 37 | 27 | 116 |
| Différence en faveur des exportations . . . | | 75 | 79 | 74 | 51 | 31 | 310 |

Les tisseurs se plaignent des admissions temporaires qui leur font le plus grand tort, disent-ils.

Les tableaux de douane accusent les mouvements suivants :

## ADMISSIONS TEMPORAIRES (Tissus et Cotons).

(En millions de francs.)

|  | 1863 | 1864 | 1865 | 1866 | 1867 | Totaux |
|---|---|---|---|---|---|---|
| Importations temporaires . | 3.8 | 4.1 | 1.8 | 3.1 | 3.7 | 16.5 |
| Réexportations temporaires | 5.2 | 5.4 | 2.9 | 4.8 | 5.8 | 24.1 |
| Différence pour frais de main-d'œuvre, plus-value, etc... | 1.4 | 1.3 | 1.1 | 1.7 | 2.1 | 7.6 |

Ces derniers chiffres ne semblent pas indiquer des transactions en tissus étrangers, d'une importance à compromettre de nombreux établissements. Au contraire, ils laissent dans le pays un profit incontestable, sinon de toute l'importance de la différence accusée par le tableau ci-dessus.

Le mal ne vient donc pas des admissions temporaires.

Il est vrai que l'on ajoute que *la possibilité* d'introduire ces tissus fait plus que le fait même de leur introduction, et que la vie étant devenue tellement chère à Mulhouse, jamais Mulhouse ne parviendra à produire à aussi bon marché que la Suisse.

Il semble y avoir ici une réserve à faire. Certes, la ville de Mulhouse est fort intéressante, mais Mulhouse, par suite de la cherté de la main-d'œuvre, produit plus cher que les vallées des Vosges et autres provinces de France. Ces vallées et ces provinces peuvent lutter avec la Suisse.

Faut-il, pour protéger Mulhouse, empêcher un commerce nouveau de se créer, au moyen des produits Suisses, et lorsqu'il sera créé, de prendre les produits des vallées des Vosges et des autres provinces de France en concurrence avec ceux de Suisse.

En sommes-nous donc venus au principe du droit au travail pour les uns au détriment des autres. Et parce que les industriels enrichis de Mulhouse ou d'ailleurs, sont exposés à perdre un peu de leurs grandes fortunes, faut-il empêcher ceux qui sont encore pauvres de pouvoir devenir riches.

Et à côté de ceci il faut remarquer que si le nombre de broches et de métiers à tisser n'a que peu augmenté en Normandie et probablement dans toute la France depuis 1860, il est incontestable qu'on a fait produire beaucoup plus à chaque broche ou à chaque métier. Beaucoup de petits établissements qui ont disparu et qui produisaient très peu, eu égard à leur importance nominale, ont été remplacés par des établissements beaucoup plus importants qui ne présentent en tout que le même nombre de broches que les établissements disparus ; mais qui produisent considérablement plus par broche ou par métier. On peut citer les établissements de la Foudre, de St-Étienne, de Rouvray, d'Oissel, les grandes filatures d'Alsace, etc., etc.

Voici le nombre d'établissements et de broches existant en ce moment dans le rayon de Rouen, d'après l'Exposé de la situation des industries du coton dans la Seine-Inférieure et l'Eure, 1859-1869.

| | SEINE-INFÉRIEURE | | | |
| --- | --- | --- | --- | --- |
| | Situation au 1er Janvier 1860 | | Situation au 1er Janvier 1869 | |
| | ÉTAB. | BROCHES | ÉTAB. | BROCHES |
| De 50.000 Broches et au-dessus | » | » | 2 | 146.400 |
| De 40.000 à 50.000 Broches | » | » | 1 | 49.506 |
| De 30.000 à 40.000 » | 1 | 36.000 | 2 | 62.634 |
| De 20.000 à 30.000 » | 2 | 51.300 | 4 | 93.996 |
| De 15.000 à 20.000 » | 9 | 150.224 | 14 | 235.822 |
| De 10.000 à 15.000 » | 28 | 332.770 | 25 | 296.214 |
| De 5.000 à 10.000 » | 70 | 528.806 | 58 | 407 764 |
| De 2.000 à 5.000 » | 62 | 233.164 | 43 | 160 336 |
| De 1.000 à 2.000 » | 32 | 44.770 | 20 | 29.696 |
| De 500 à 1.000 » | 16 | 11.860 | 9 | 6.072 |
| 500 » | 8 | 2.400 | 7 | 2.892 |
| | 228 | 1.391.894 | 185 | 1.491.332 |

Ce tableau, publié par la Chambre de Commerce de Rouen, donne la preuve de ce qui est avancé.

On a parlé de bancs à broches ajoutés aux broches des métiers à filer ; mais le fait est discutable. Serait-il vrai, que l'application du fisc a dû être la même en 1860 qu'en 1869. Du reste, les bancs à broches ne représentent que 10 à 12 0/0 environ des broches des métiers à filer.

On voit comme tous les établissements de 15,000 broches et au-dessous ont diminué, c'est-à-dire les établissements qui marchaient quand il y avait de l'eau dans la rivière ou quand les circonstances étaient bonnes ; mais qui fermaient aussi à la moindre occasion.

D'un autre côté, on voit combien ont augmenté les établissements de 20,000 broches et au-dessus ; c'est-à-dire les établissements qui sont obligés de travailler presque en toutes circonstances, et qui ont des frais généraux tels, qu'arrêter est souvent plus lourd que perdre dans une proportion modérée sur le travail de chaque jour.

On admet généralement que le prix de main-d'œuvre et fabrication d'un kilog de filé n° 24 moyen, qui était, il y a cinq ou six ans, de 90 à 95 cent., est tombé par les améliorations survenues à 75 cent., peut-être même 70 cent. dans les grands établissements en plein travail.

Dans ces 75 cent., on peut admettre que les frais propres de manutention pour transformer le coton brut en coton filé, n° 24, sont environ de 27 à 33 cent. par kilog. de filé, et que les 48 à 42 cent. de surplus représentent le prorata dans les frais de toutes natures, qui courent toujours quelle que soit la production journalière. Si donc on admet une production régulière de mille kilogrammes de filés par jour, au prix de revient de 75 cent. pour un nombre de broches donné, on trouvera une dépense journalière de 30 cent. environ pour personnel propre à la production, ou fr. 300, et 45 cent. pour prorata dans les frais permanents, direction, machine, carderie, intérêts, etc., ou fr. 450.

Si, maintenant, par une raison quelconque, marché restreint, crise commerciale, le simple fait de n'avoir que la France pour marché, le même établissement n'arrive plus qu'à produire 500 kilog. par jour ; d'abord les frais de personnel propre montent un peu, parce que le travail est moins suivi, et on dépense environ 34 à 40 cent. par kilog., soit 35 cent. pour ne pas être taxé d'exagération. Il reste alors les fr. 450 de dépenses constantes, à diviser par 500 kilog., ce qui donne 90 cent.

On voit donc que si l'établissement passe de sa production normale, où le prix de façon est de 75 cent., à une production de cinquante pour cent de la production normale, où le prix de façon est de fr. 1 25, il y a pour lui une perte de 50 cent. par kilog.

Ce raisonnement, qui s'applique à des filatures de 13 à 15,000 broches, peut s'appliquer de même, à des filatures doubles en importance, et alors une chute de la production au tiers ou au quart de la production normale peut faire rentrer le prix de revient à fr. 1 50 et 1 90 par kilog.

Il est donc évident que les grands établissements préfèreront perdre pendant longtemps 10 et 15 cent. sur leur prix de revient de 75 cent. que d'arrêter leur production un seul instant ou de la diminuer. En outre ils conservent leur clientèle.

N'est-ce donc pas dans la concurrence des gros établissements que réside la véritable cause du mal éprouvé par la masse de nos filateurs qui n'ont que de petits établissements, où le travail revient cher? Pendant qu'on estdans la voie de demander des protections, ne faudrait-il pas, pour être logique, demander d'imposer les grands établissements plus fortement que les petits.

Voici une raison de plus pour que les grands établissements fassent la baisse et pour que cette baisse devienne, du reste, dans un temps donné, l'avantage du pays. Un établissement file du n° 24 moyen à raison de 2,000 kilog. par jour, et son prix de revient à cette production normale est de 65 cent. par kilog.

Mais comme la consommation française est capricieuse, qu'il faut à chaque instant passer de n°ˢ 32/34 à 12/14, de l'Amérique pur au coton Inde pur, ou mélangé. cet établissement peut rarement maintenir sa production normale.

Le marché restreint, les crises commerciales et politiques si souvent répétées, les discours protectionnistes permanents achèvent de réduire la production journalière moyenne.

De ceci il résulte que si cette production tombe à mille kilogrammes par jour, le prix de revient du n° 24 moyen devient 1 fr. 10 à 1 fr. 25.

Comme on obtient difficilement maintenant en temps prospères plus de 90 à 95 cent. de façon, il advient bientôt que l'établissement perd toujours.

Que doit-il faire alors pour se tirer d'embarras? Il doit se créer une grande clientèle qui assure son débouché. Pour en arriver là, il vendra 1,000 kilogrammes par jour à 55 cent. de façon, prix que personne ne soupçonne comme possible et qui lui donne de la perte; mais pourvu qu'il fasse 75 cent. de façon sur les 1,000 autres kilogrammes par jour, il ne perdra plus sur son exploitation totale.

Voilà comment avec 75 cent. de façon l'établissement qui suivra cette ligne de conduite ne perdra pas, quand le voisin se ruinera tout en ayant 95 centimes, mais en agissant autrement.

Les grands établissements ruineront donc les petits, mais en même temps ils créeront le commerce d'exportation en lui permettant de faire des produits à aussi bon marché que les étrangers.

Que peuvent être alors des protections de 20 cent. sur du 24/26 quand, par la seule manière de conduire son opération, on peut faire une différence de 40 à 50 cent. dans son prix de revient de fabrication.

Comment ose-t-on, en présence de pareils écarts, qui dépendent uniquement de l'intelligence du filateur, du tisseur, prétendre que l'infériorité française est insurmontable et doit se chiffrer par le coût des matières premières ?

C'est par ces motifs que l'Angleterre plus avancée que la France en industrie cotonnière, produit toujours à meilleur marché que la France ; et c'est quand il faut développer les débouchés de notre industrie productrice, par le développement de nouvelles industries consommatrices, pour en venir au même degré de puissance, qu'on propose de revenir au système protecteur et aux marchés réduits.

Il faut vraiment ne pas prévoir de loin et tenir à rester dans le terre à terre du présent pour persister dans de pareilles idées.

Un des grands arguments soulevés par ceux qui demandent la protection pour la filature de coton, est qu'en France une filature complète coûte fr. 50 la broche, tandis qu'en Angleterre la même filature ne coûterait que fr. 25.

D'abord, en France, on peut établir des filatures à un peu moins de fr. 50 ; on est arrivé à fr. 45, même une fois à 40. Il est probable que si l'établissement de filatures était fréquent, ce dernier prix serait cher et que l'on ferait à meilleur marché, toujours par la raison développée plus haut pour le prix de revient de toutes choses lorsque la production est normale, ou lorsque la production est au-dessous de la production normale.

Voici des détails d'établissement et d'exploitation d'une filature dans le district d'Oldham, près de Manchester.

## Détails d'Etablissement et d'Exploitation d'une Filature moderne dans le district de Oldham.

*60,000 broches, filant chaîne mule bobines pour tissage mécanique N° 32 anglais (N° 27 français).*

Coût des bâtiments, machine à vapeur, chaudières, transmissions, etc. . . . F.   875,000 —
Machines . . . . . . . . . . . . . . . . . . . . . . . . . . . . . . . . . . . . . »   625,000 —

F.  1,500,000 —

Filant du coton :

Mélange 1/2 Amérique )
    »    1/2 Surat   } revenant aujourd'hui à . . . . . . . . . . . . . F.   2 55 par kilog.

La filature travaillant en plein, soit 60 heures par semaine, 50 semaines de travail effectif par an, produit **19,042** kilog. par semaine.

Main-d'œuvre effective payée par semaine,

Pour nettoyage et cardage . . . . . . . . . . . . . . . . . . . . . . . . F.   1,700 —
Filature . . . . . . . . . . . . . . . . . . . . . . . . . . . . . . . . . . »   2,775 —
Magasin . . . . . . . . . . . . . . . . . . . . . . . . . . . . . . . . . . »   137 50
Menus frais . . . . . . . . . . . . . . . . . . . . . . . . . . . . . . . . »   787 50

F.   5,400 —

Soit **28** c. **35** par kilog.

CONSOMMATION ET FRAIS RÉELS PAYÉS PAR AN.

| | | |
|---|---|---:|
| Charbons, 80 ton. par semaine, à 6/6 soit F. 8 15 par 1,000 kilog | F. | 33,800 — |
| Gaz à 4/1 par 1,000 pieds cubes | » | 6,800 — |
| Huile et suif | » | 18,700 — |
| Emplois divers, bobines, rouleaux, paniers, cordes, etc | » | 22,550 — |
| Réparations et dépenses diverses pour idem | » | 17,700 — |
| Transport de Liverpool à Manchester | » | 12,500 — |
| Dépréciation des machines, calculé à 10 0/0 pour les 5 premières années et 5 0/0 pour les suivantes | » | 62,500 — |
| Intérêt ou loyer du terrain et bâtiments calculés à 7 1/2 0/0 | » | 65,625 — |
| Intérêt sur le capital de roulement, F. 500,000 à 5 0/0 | » | 25,000 — |
| Assurance, taxes de toutes matières | » | 19,250 — |
| Frais et commission à Liverpool | » | 23,000 — |
| Frais divers et commission à Manchester | » | 37,500 — |
| | F. | 344,925 — |

Soit 36 c. 20 par kilog.

Main-d'œuvre............ 28 » 35 »

Total... 64 c. 55 par kilog.

### RÉSUMÉ

| | | |
|---|---|---|
| Le mélange filé revient à | F. | 2 55 c. — . |
| Déchet réel | » — | 34 » 45. |
| Frais de filature | » — | 63 » 54. |
| | F. | 3 54 c. — par kilog. |

Soit 15 d. 1/4 par livre.

Ce filé se vend aujourd'hui à Manchester de 13 1/2 d. à 14 d. par livre, soit une perte de 1 1/4 à 1 3/4 den. par livre ou 30 à 40 cent. par kilog.

Il y a dans l'établissement ci-dessus 306 personnes, tout compris.

La force nominale de la machine (indicated horse power) est de 632 chevaux.

Le prix d'une Filature complète pour 20,000 broches serait de £ 25,000 et une Filature de 50,000 broches £ 52,000.

Le terrain et l'eau pour la machine à vapeur, coûteraient à Manchester pour 20,000 broches et 500 métiers £ 3,000 de plus, et pour 50,000 broches et 1,000 métiers £ 7,000 de plus.

Il est vrai, que ce tableau transmis à titre de renseignement pour une filature de 60,000 broches et qui fait ressortir la broche à fr. 25, n'est pas d'accord avec la balance d'écritures que voici pour une autre filature, établie également près de Manchester, et dont le prix de revient paraît être de 37 fr. la broche. Du reste, le P.-S. du tableau ci-dessus laisse aussi soupçonner que l'estimation de 25 fr. est bien basse, puisqu'on parle de 25,000 £ pour 20,000 broches, soit 31 fr. 50 et non 25 fr.

# Balance sheet of the F... Cotton Spinning Company (limited) (60,000 broches)

Maid up to the 31st December 1867.

## CAPITAL and LIABILITIES

| | £ sh. d. | £ sh. d. | £ sh. d. | £ sh. d. | £ sh. d. |
|---|---|---|---|---|---|
| **CAPITAL :** | | | | | |
| 8,163 paid up shares of £ 10 each | | | | | 81,630 0 0 |
| **LIABILITIES :** | | | | | |
| Loan on Mortgage | | | | 12,000 0 0 | |
| Trade and other Creditors | | | | 23 11 10 | |
| Law charges (including £ 1,088 18 4 as shewn below) | | | | 1,329 6 5 | |
| | | | | | 13,352 18 3 |
| Surplus from H... W... estate, after paying 3 sh. in the £ to sundry Creditors, and the expenses of Winding up | | | | 16,421 7 3 | |
| Less expenditure to the 30th June 1867 | | | 15,947 13 11 | | |
| Add Expenditure to 31th December 1867 | | 741 18 3 | | | |
|   » Interest on loan | | 149 5 10 | | | |
|   » Cotton account | | 81 17 6 | | | |
|   » Law charges | | 1,088 18 4 | | | |
| | | 2,061 19 11 | | | |
| Less rents | 181 9 0 | | | | |
|   » Stores | 61 2 8 | | | | |
| | | 242 11 8 | | | |
| | | | 1,819 8 3 | | |
| | | | | 17,767 2 2 | |
| Balance expended in excess of surplus (see contra) | | | | 1,345 14 11 | |
| | | | | | 94,982 18 3 |

## PROPERTY, ASSETS and EXPENSES

| | £ sh. d. | £ sh. d. |
|---|---|---|
| **FREEHOLD ESTATES :** | | |
| Land, Buildings, Steam, Engines, &c. as at 29th June 1867 | 59,846 9 2 | |
| Addition to Buildings | 4 3 0 | |
| | | 59,850 12 8 |
| Machinery, Gearing, &c., as at 29th June 1867 | | 31,907 9 1 |
| Life association of Scotland. Premiums paid on the life of H... W..., assuring £ 5,000 | | 555 9 6 |
| Stock in Trade, including Cotton & Stores | | 561 8 0 |
| Debtors | | 69 5 2 |
| Cash in the Secretary's hands | | 11 13 11 |
| Total Property and Assets | | 93,037 3 4 |
| Balance, being amount expended in excess of surplus as per contra | | 1,345 14 11 |
| | | 94,982 18 3 |

A la suite de ce tableau, il convient encore de mettre un relevé de la situation hebdomadaire de cette même filature.

*60 heures de travail. — Semaine terminée le Jeudi 5 Novembre 1868*[1].

## COTTON BOUGHT

23 Bales America........................ ₢ at 10 ⅝
149 Bales Broach........................ » » 9 ½

## YARN SPUN

| | | | Average counts | Hanks p* Spindle |
|---|---|---|---|---|
| Cop Twist.... | 22771 | ₢ | 32 | 22.9 |
| Pin Cops ..... | 10602 | » | 42 | 19.6 |
| Bundles......... | 3453 | » | 28/30 | U/ &24 w |
| Warps........... | 1096 | » | th w | |
| Total | 37922 | » | | |

## YARN SOLD

### By C... & S...

| | | | | |
|---|---|---|---|---|
| Cop Twist........ | 49443 ₢ | at | 13ᵈ | 32ˢ |
| Pin Cops......... | 2000 » | » | 14 | 46 |
| Bundles........... | 5850 » | » | 13 ⅝ | 24 |
| Warps ............. | — | » | — | — |
| Total............... | 57293 | | | |

### By J. R...

| | | | | |
|---|---|---|---|---|
| Cop Twist........ | — | | — | — |
| Pin Cops......... | 6720 ₢ | at 13 | ¼ | 40· |
| Bundles........... | — | | — | — |
| Warps............. | — | | — | — |
| Total............... | 6720 | | | |

## YARN DELIVERED

| | | |
|---|---|---|
| Cop Twist........ | 37737 | ₢ |
| Pin Cops.......... | 8112 ¼ | » |
| Bundles........... | 4470 | » |
| Warps.............. | 2027 ½ | » |
| Total............... | 52346 ¾ | » |

## WASTE SOLD

| | | | £ | s. | d. |
|---|---|---|---|---|---|
| Fly............... | — | ₢ at | » | » | » |
| Stirps.......... | — | » | » | » | » |
| Oily waste.... | 1395 at 1/8 | » | 5 | 16 | 3 |
| | 5517 at 7ᵈ | » | 8 | 0 | 4 |
| Tares............ | 105 at 1/6 | » | » | 12 | 4 ¼ |
| Total amount............£ | | | 14 | 9 | 6 ¼ |

## STOCK OF COTTON

| | | | | |
|---|---|---|---|---|
| America 169 | 53 | Bales mixed at. | 10.47 | |
| | 62 | | 10.⅝ | |
| | 5 | Bales (mill) at. | 10 ¾ | |
| | 49 | | 11ᵈ | |
| Surat 356 | 20 | Bales............ | 8ᵈ | |
| | 140 | » | 8 ⅜ | |
| | 47 | Bales............ | 9 ¼ | |
| | 149 | " | 9 ½ | |
| Brazil | 56 | | 10 ⅝ | |

## STOCK OF YARN

| | | |
|---|---|---|
| Cop Twist.... | 40301 ½ | ₢ |
| Pin Cops......... | 14475 | » |
| Bundles........... | 1930 | » |
| Warps............. | 979 | » |
| Total........ | 57685 ½ | ₢ |

## YARN TO DELIVER

| | |
|---|---|
| 39405 — | ₢ |
| 11760 | » |
| 7150 | » |
| 1923 | » |
| 60228 | » |

## WAGES & STORES

| | £ | s. | d. | | | £ | s. | d. |
|---|---|---|---|---|---|---|---|---|
| Wages paid ..................... 209 | 209 | 14 | 11 | 1ᵈ.336₢ | *Carried over*.............. | 49 | 6 | 7 |
| | | | | | Strapping 1 ¼ at 2/— ............ | » | 3 | 6 |
| Coal used : 88 tons at 6/6......... | 28 | 12 | » | | Cotton bnd 100 ½ at 1/4 1/2.... | 6 | 17 | 10 |
| Cannel 5/4 at 23/ - ..................... | 5 | 15 | 3 ½ | | Roller skins 30 B at 26/ —........ | 3 | 18 | » |
| Gaz 27960 feet at.......................... | » | » | » | | Cloth 4 Y ds 5/6...................... | 1 | 2 | » |
| Bought 1700 at 4/1......................... | » | 6 | 11 | | Brooms 2 at 2/—..................... | » | 4 | » |
| Oil 3 ½ gal at 5/9........................... | 9 | 1 | 1 ½ | | Bannisters 2 at 8ᵈ..................... | » | 1 | 4 |
| Oil 16 ¼ gal at 3/4......................... | 2 | 15 | » | | Twine 20 ¾ at 8ᵈ..................... | » | 13 | 10 |
| Tallow 111 ½ gal at 49/ —......... | 2 | 8 | 8 | | Paper 69 ¾ at 3ᵈ..................... | » | 16 | 9 |
| Grease 8 ¾ gal at 10 ½.............. | » | 7 | 7 | | Sundries....................................... | 3 | 6 | 1 |
| *To be carried over*............. | 49 | 6 | 7 | | | 66 | 9 | 11 |

## ESTIMATED PAYMENTS AND RECEIPTS FOR ENSUING WEEK

| | £ | s. | d. | | £ | s. | d. |
|---|---|---|---|---|---|---|---|
| Due to Bank........................... | — | — | — | Balance of Bank..................... | 98 | 3 | 10 |
| Due to J. S. & Cº..................... | 18510 | 19 | 8 | Accounts due ......................... | — | — | — |
| Due for Cotton......................... | 5067 | 6 | 6 | Accounts not due ................... | 6718 | 7 | 6 |
| Account to pay......................... | — | — | — | | | | |
| Wages....................................... | 210 | — | — | | | | |

[1] Voir appendice A 3, page 86.

De tout ceci, que résulte-t-il, qu'en Angleterre comme en France il y a des prix de revient différents suivant les établissements et la qualité du matériel employé dans l'établissement. Mais, en tout cas, ceci n'ôte aucune force au raisonnement suivant :

Une filature de 30,000 broches en pleine activité, qui produit 1,900 kilog. de filés par jour, coûte aussi cher de main-d'œuvre, charbon, etc. à 50 fr. la broche qu'à 25 fr. Il n'y a que le capital qui coûte davantage par les intérêts et l'assurance. Or, les intérêts à 6 0/0 par an et l'assurance à dix pour mille, sur 750.000 fr., font 52,500 fr. d'intérêts et d'assurance de plus en France qu'en Angleterre, et en admettant qu'il n'y ait pas de compensation par ailleurs. A 1,900 kilog. par jour pour 300 jours de travail, c'est 570,000 kilog., sur lesquels se répartissent les 52,500 fr. ci-dessus, soit 0 fr. 092 par kilog. C'est à ce chiffre maximum que peut se chiffrer l'infériorité de la filature française, soit 3 0/0 sur le prix du filé n° 24.

Et c'est ici qu'il faut ajouter que la main-d'œuvre est moins chère en France qu'en Angleterre. En outre, la durée de la journée de travail, en Angleterre, est de 10 heures (60 heures pour six jours suivant les tableaux ci-dessus). En France cette journée est de 12 heures, soit 72 heures par semaine ou 20 0/0 de plus comme production journalière en kilog. de filés. N'y aurait-il pas là une compensation énorme, dont nous profiterions, même en tenant compte du prix plus élevé du charbon en France qu'en Angleterre, si au lieu de compter sur la protection nos industriels n'avaient compté, autrefois, que sur eux mêmes pour déboucher leur production.

Quant à l'infériorité de nos ouvriers, elle n'est pas exacte, et quand ils auront acquis l'habitude du travail, qui leur manque aujourd'hui aussi bien que l'expérience fait défaut à leurs patrons, ils seront les premiers ouvriers du monde.

Et c'est alors qu'on prétend que des droits protecteurs de 20 à 40 cent. par kilog. de filé, soit 10 0/0 environ, ne peuvent suffire.

En vérité, on se demande, en présence des faits qui précèdent, ce que sont les assertions des protectionnistes.

Une autre cause du mal de l'industrie cotonnière est le système douanier adopté depuis 1865 par les Etats-Unis, avec lesquels nous n'avions malheureusement pas de traité. Par suite des dépenses de guerre, le gouvernement américain

4

a frappé inopinément de droits excessifs tous les produits d'importation. De cette manière, la France a perdu les principaux marchés où elle débouchait ses produits.

Voici le tableau dressé par nos douanes :

### RÉSUMÉ DU COMMERCE SPÉCIAL AVEC LES ÉTATS-UNIS

(En millions de francs.)

|  | 1855 | 1856 | 1857 | 1858 | 1859 | Totaux |
|---|---|---|---|---|---|---|
| Exportations | 246 | 323 | 257 | 209 | 308 | 1.348 |
| Importations | 176 | 222 | 188 | 177 | 198 | 961 |
| Totaux | 422 | 545 | 445 | 386 | 506 | 2.304 |

|  | 1863 | 1864 | 1865 | 1866 | 1867 | Totaux |
|---|---|---|---|---|---|---|
| Exportations | 94 | 84 | 108 | 173 | 156 | 615 |
| Importations | 81 | 69 | 49 | 191 | 140 | 530 |
| Totaux | 175 | 153 | 157 | 364 | 296 | 1.145 |

Mais ce mal qui pèse sur la France pèse bien plus lourdement sur l'Angleterre, où la crise cotonnière est bien plus forte qu'en France, et où depuis 1860 la production cotonnière a diminué plutôt qu'augmenté.

Le système de protection suivi aux Etats-Unis a développé, il est vrai, les filatures américaines. Elles ont aussitôt absorbé une grande partie de la récolte de coton et réduit ainsi l'approvisionnement de l'Europe, qui manquait cependant déjà de matière première pour ses filatures.

Mais les Américains s'apercevront bientôt de l'erreur de leur système. Quand il sera monté chez eux plus de filatures et de tissages qu'il n'en faut pour suffire aux besoins du pays, tous ces établissements se feront une guerre acharnée entre eux et se ruineront, parce que ne sachant plus que produire à prix élevé des genres spéciaux, ils ne pourront déboucher leurs produits à l'étranger en concurrence avec les produits anglais, suisses ou autres.

N'y aura-t-il pas là un fait analogue à ce qui se passe déjà en France par suite du développement pris par notre industrie depuis 1852. L'exemple de ce qui se passe chez nous n'ouvrira-t-il pas bientôt les yeux si pratiques des Américains ?

Ne verront-ils pas bientôt que notre industrie dépérit pour ne savoir faire que des produits trop bons, convenables seulement pour le pays, sur lesquels tous nos industriels, trop nombreux maintenant, se font une concurrence acharnée.

Mais le fait principal qui met l'industrie cotonnière du monde dans une position si critique est autant le suivant que ceux que nous venons d'envisager.

De 1860 à 1864, le coton monte de *80 cent.* à *3 fr. 50* le demi-kilog., par suite de la guerre civile aux Etats-Unis.

En 1865, la guerre prend fin, et le coton, de 1864 à 1867, retombe de *3 fr. 50 à 90 cent.*

Enfin, depuis la fin de cette guerre, la production des Etats-Unis est restée trop faible pour les besoins de l'industrie, et de là sont venus des mouvements spéculatifs insensés qui se sont tous opérés au détriment de la filature. Cette dernière, en effet, à cause du temps requis pour la fabrication, n'a jamais pu vendre que lentement et dans les moments de baisse les produits qu'elle avait fabriqués pendant la hausse, tandis que les spéculateurs des ports ont liquidé bien plus vite leurs opérations sur la matière brute.

Voici quelques cours du coton de 1864 à 1869 :

| | | | | | | |
|---|---|---|---|---|---|---|
| Juin | 1864 | 338 fr. par 50 kil. ou env. | 1.352 fr. par B. de coton des E.-U. | | | |
| — | 1865 | 211 | — | 844 | — | — |
| — | 1866 | 160 | — | 540 | — | — |
| Janvier | 1867 | 170 | — | 680 | — | — |
| Juillet | 1867 | 116 | — | 464 | — | — |
| Décembre | 1867 | 92 | — | 368 | — | — |
| Mai | 1868 | 149 | — | 596 | — | — |
| Juillet | 1868 | 117 | — | 468 | — | — |
| Novembre | 1868 | 138 | — | 552 | — | — |
| Décembre | 1868 | 121 | — | 484 | — | — |
| Mars | 1869 | 147 | — | 588 | — | — |
| Août | 1869 | 160 | — | 640 | — | — |
| Novembre | 1869 | 132 | — | 528 | — | — |

Voici aussi le tableau des expéditions de coton sur l'Europe et de la consommation des filatures européennes.

Ce tableau établit que les stocks ne se reformeront qu'avec une grande hausse de prix réduisant les consommations, ou avec une augmentation d'un million de balles dans la production générale du globe.

EXPÉDITIONS DE COTONS SUR L'EUROPE 1869.

1,500,000 B. des Etats-Unis (sur 2,500,000 B. de production).
1,500,000 — de l'Inde.
1,000,000 — d'ailleurs, soit :

|  |  |
|---|---|
| d'Amérique du Sud | 700,000 B. |
| Egypte, Levant | 250,000 — |
| Divers | 50,000 — |
| Somme égale | 1,000,000 B. |

4,000,000 B. en tout, ou

77,000 B. par semaine.

Or, depuis le 1er janvier 1869, époque de crise pour l'industrie, la filature prend sur les quatre marchés du Havre, Liverpool, Marseille et Londres :

77,000 B. par semaine,
et elle a pris sur les mêmes marchés
83,000 B. par semaine en 1868.

Ajoutons la comparaison par Balles et par millions de kilog. des expéditions de Coton sur l'Europe, en 1860 et en 1869.

Si le nombre de Balles est approximativement le même pour les deux années, il en est autrement pour le nombre de millions de kilog.

Le déficit de ce chef est pour 1869 de 734,000 B. de 184 kilog.

**1860.**

|  |  |  |  | Millions de kil. |
|---|---|---|---|---|
| Etats-Unis | B. 3,350,000 | × 190 kil. | = | 637 |
| Indes | 573,000 | × 170 | = | 97 |
| Brésil | 105,000 | × 60 | = | 6 |
| Egypte | 145,000 | × 225 | = | 33 |
| Divers | 48,000 | × 100 | = | 5 |
|  | 4,221,000 | × 184 | = | 778 |

| Consommation des Etats-Unis | 800,000 |
|---|---|
|  | 5,021,000 |

**1869.**

| | | | | | | |
|---|---|---|---|---|---|---|
| Etats-Unis | B. | 1,500,000 | × | 190 kil. | = | 285 |
| Indes | | 1,500,000 | × | 170 | = | 255 |
| Egypte | | 250,000 | × | 225 | = | 56 |
| Amérique du Sud | | 700,000 | × | 60 | = | 42 |
| Divers | | 50,000 | × | 100 | = | 5 |
| | | 4,000,000 | × | 161 kil. | = | 643 |

Consommation des Etats-Unis........ 1,000,000

5,000,000 (1)

Comment veut-on que, dans de pareilles conditions d'alimentation, la filature ne souffre pas et ne souffre pas beaucoup !

Mais, en même temps, ne doit-on pas se demander quelles lois arbitraires, quels gouvernements puissants, quelles associations habiles pourraient tirer l'industrie d'une crise naturelle contre laquelle les hommes ne peuvent rien ou fort peu. Il est difficile d'avoir confiance dans le système de protection réclamé par les industriels, car même s'ils parviennent à créer ainsi une source de bénéfices constants, ne verrons-nous pas tous nos jeunes gens sans carrière au sortir des écoles, réclamer leur part de ces bénéfices en entrant dans l'industrie, et bientôt réduire à zéro par les effets de la concurrence les marges de profits que la protection aura constituées à grand'peine.

Ceux qui réclament que la protection assure un bénéfice, doivent donc demander aussi qu'une loi limite le nombre d'établissements par département, proportionnellement à la population. Mais que diront alors tous ceux qui auront leur carrière à faire, les ouvriers qui auront leur vie à gagner ?

---

(1) Voir appendice Note A 4, page 87.

Il suffit de faire voir où mène le système proposé, poussé à l'extrême, pour faire comprendre combien il est impraticable et combien il est nécessaire de trouver d'autres moyens pour sortir d'embarras.

Il faut aborder maintenant la question de la marine marchande.

Dernièrement, la Chambre de Commerce du Havre recueillait de la plume même des personnes les plus compétentes, tout un ensemble de plaintes sur les charges qui pèsent sur la marine marchande (1).

Sans contester le poids de ces charges, dont la nomenclature existe dans un Rapport fait par une des commissions de la Chambre, il est permis de dire qu'aucune de ces charges, ni toutes ensemble, ne sont de nature à faire disparaître la marine marchande française.

Voir, de plus, à l'appendice, la protestation des armateurs du Havre contre l'abolition des surtaxes de pavillon. La contre-protestation du commerce de la place, la décision de la Chambre de Commerce du Havre en janvier 1870 (2).

On se plaint notamment de l'inscription maritime et on a raison, au point de vue humanitaire ; mais au point de vue de l'armateur, on a tort ; car l'inscription nous vaut des matelots soumis, payés 55 fr., contre les caractères difficiles que l'on rencontre en Angleterre et aux Etats-Unis, et que l'on paye 70 et 85 fr. par mois !

Du reste, peu importe l'intérêt de l'armateur ; il y a là une question de principe, et une fois le service de l'Etat assuré, le marin doit recouvrer sa liberté.

Ne pourrait-on réduire la durée de l'Inscription et dire que le marin de 20 à 29 ans devra son temps à l'Etat et à l'inscription ; mais qu'après ce temps, il sera libre de tout service comme tout autre citoyen.

On dit encore que l'Inscription maritime entraîne des rapatriements onéreux. En effet, un navire de 25 hommes d'équipage désarme-t-il à l'étranger, il faut rapatrier cet équipage et en envoyer un second pour réarmer. Cette opération faite

---

(1) Voir appendice Note A 5, page 88.
(2)    —    —    A 6, page 89 et suivantes.

en Europe coûte généralement 2,000 fr. Or, qu'est-ce que 2,000 fr., quand pendant dix mois de voyage dans l'Inde on a épargné 20 fr. par homme et par mois, soit 5,000 fr. ?

L'Inscription expose aussi à payer, même après guérison et embarquement sur un autre navire, les gages d'un matelot qui est tombé malade en cours de voyage. Ceci est un abus. Il y en a beaucoup d'autres ; mais avec quelques réformes intelligentes on peut vite mettre un terme aux récriminations qui s'élèvent de toutes parts (1).

Pour éclairer le débat, il peut être utile de donner maintenant le relevé des navires immatriculés à la douane du Havre de 1860 à 1869 et attachés ainsi au port du Havre :

---

(1) Voir appendice Note BB, page 93.

# NAVIRES FRANÇAIS IMMATRICULÉS AU HAVRE DEPUIS 1860, LONG-COURRIERS

## Au-dessus de 150 tonneaux de Jauge pour Voiliers, et 100 tonneaux pour Steamers.

| DATES | NOMBRE | | PRINCIPAUX ARMATEURS |
|---|---|---|---|
| | STEAMERS | VOILIERS | |
| 1860 | . | 10 | Auger, Barbey, Masurier. |
| 1861 | . | 8 | Hasselbrinx, Auger, Quesnel, Masurier, Perquer. |
| 1862 | . | 5 | Perquer, Belloc, Barbey, Hasselbrinx, Fournier. |
| 1863 | . | 9 | Barbey, Auger, Leroux, De Coninck, Perquer, Quesnel. |
| . | 3 | . | Touage de la Seine. |
| 1864 | . | 9 | Lanel, Ravot, Quesnel, Dumont, Auger, Ancel, Oriot, Leroux. |
| . | 2 | . | Compagnie Transatlantique. |
| 1865 | . | 10 | Masurier, Acher, Perquer, De Coninck, Peulvé, Yébleron, Quesnel, Deglaire, Oriot. |
| . | 2 | . | Compagnie Transatlantique, Nillus. |
| 1866 | . | 12 | Bossière, Lecomte, Auger, Peulvé, Perquer, Deglaire. |
| . | 6 | . | Compagnie Transatlantique, Hantier Mallet, Bateaux de Rivière. |
| 1867 | . | 11 | Ravot, Perquer, Peulvé, Coninck, Masurier, Foerster, Deglaire, Quesnel, Ancel. |
| . | 3 | . | Compagnie du Finistère, Mallet, Orosos. |
| 1868 | . | 15 | Perquer, Dumont, Ancel, Germain, Rothschild, Auger aîné, Mallot, Quesnel, Oriot. |
| . | 1 | . | Worms. |
| 1869 | . | 8 | Bordes, Bossière, Germain, Tisset, Auger, Perquer, Masurier. |
| . | 2 | . | Mallet, Société Émile Etienne. |
| | 19 | 97 | Ensemble 116 navires. |

| TONNAGE — JAUGE | | ANNÉE | TOTAL | PORTS DE CONSTRUCTION | | | |
|---|---|---|---|---|---|---|---|
| VOILIERS | STEAMERS | | | FRANCE | ÉTRANGER | Voiliers. | Steamers. |
| 3.480 Ton. | | 1860 | 3.480 | Honfleur, Nantes. | | . | . |
| 2.470 . | . | 1861 | 2.450 | Honfleur, Havre. | 1 Anglais. | 149 Tx | . |
| 3.802 . | | 1862 | 3.802 | dito | E.-U. | 1.000 . | . |
| 5.400 . | . | . | . | Honfleur, Havre, Nantes, Rouen. | K.-U. | 1.150 . | . |
| . | 396 | 1863 | 3.720 | Havre, 102 tonneaux. | Angleterre | . | 294 Tx. |
| 3.806 . | . | . | . | Havre, Cherbourg, Honfleur. | dito | 2.000 . | . |
| . | 3.844 | 1864 | 7.710 | dito | dito | . | 3.814 . |
| 7.311 . | . | . | . | Havre, Honfleur, Nantes. | Canada. | 3.621 . | . |
| . | 2.134 | 1865 | 7.145 | Havre, 206 tonneaux. | Ecosse | . | 1.928 . |
| 0.842 . | . | . | . | Havre, Honfleur, Nantes. | Etranger. | 2.470 . | . |
| . | 8.500 | 1866 | 15.314 | Nantes, Havre. | Angleterre | . | 4.350 . |
| 8.075 . | . | . | . | Nantes, Havre. | dito | 2.184 . | . |
| . | 783 | 1867 | 8.858 | Havre, 213 tonneaux. | dito | . | 570 . |
| 7.230 . | . | . | . | Honfleur, Havre, Bretagne. | Etranger | 4.100 . | . |
| . | 462 | 1868 | 7.692 | . | Angleterre. | . | 462 . |
| 4.683 . | . | . | . | Havre, Honfleur, La Seyne. | Ecosse, Canada, Etranger | 2.981 . | . |
| . | 601 | 1869 | 5.374 | . | Angleterre. | . | 691 . |
| 52.539 Ton. | 16.810 | | 69.349 | | | 19.644 Tx | 14.139 Tx. |

Résumé : 116 Navires. Ensemble, 69.349 tonneaux, dont étrangers, 33,873.  
On Voiliers, 52,539 » » » 19,644.  
Steamers, 16,810 » » » 14,139.

Il ressort de ce tableau que le total des navires immatriculés au port du Havre passe de 3,500 en 1860 à 8,700 en 1868. Il y a légère réaction en 1869 ; mais tout le monde sait qu'il y a de nombreuses constructions en ce moment en Angleterre et à la Seyne pour le port du Havre. En 1860, les *chantiers français* construisaient pour le port du Havre 3,000 tonneaux ; en 1867, 6,000, et en 1868, 3,200. Il est vrai qu'il a été immatriculé, en 1867, 8,850 tonneaux, et en 1868, 7,700 tonneaux ; mais qu'importe ! si les constructions françaises ont progressé ou n'ont pas perdu ce qu'elles faisaient du temps de la protection absolue. Avec le temps, lorsqu'une fois les flottes seront créées, le commerce établi, ce sont les chantiers français qui s'ingénieront pour construire. Ayant plus de réparations, plus de constructions, ils produiront alors à meilleur marché qu'aujourd'hui, si tant est que leurs prix soient aussi chers qu'on le dit.

Passant à l'effectif de la flotte commerciale française, on trouve que la moyenne des existences de navires français, au 31 décembre de chaque année, est la suivante :

| | | | |
|---|---|---|---|
| 1827/1836 | 678.000 tonneaux, dont à vapeur | | 0 |
| 1837/1846 | 634.000 » | dito | 9.556 |
| 1847/1846 | 760.000 » | dito | 26.579 |
| 1857/1866 | 1.012.000 » | dito | 84.284 |
| En 1864, le tonnage à vapeur était de | | 97.000 tonneaux | |
| En 1866, il était passé à | | 128.000 » | |

Le même volume des douanes publie le relevé des constructions françaises depuis 1826. Il ne divise pas malheureusement ses chiffres entre navires de constructions françaises ou de constructions étrangères. Voici ce que l'on y trouve :

*Moyenne des constructions navales.*

| | | | |
|---|---|---|---|
| 1827/1836 | 37.000 tonneaux, dont à vapeur | | 0 |
| 1837/1846 | 45.000 » | dito | 1.300 |
| 1847/1856 | 74.000 » | dito | 6.300 |
| 1857/1866 | 63.000 » | dito | 9.835 |

Voici le détail des dernières années :

| | | | |
|---|---|---|---|
| 1857 | 117.000 tonneaux, dont à vapeur | | 10.564 |
| 1858 | 66.000 » | dito | 5.281 |
| 1859 | 37.000 » | dito | 2.567 |

| | | | | |
|---|---|---|---|---|
| 1860 | 43.000 | tonneaux, dont à vapeur | | 6.764 |
| 1861 | 45.000 | » | dito | 7.594 |
| 1862 | 52.000 | » | dito | 9.727 |
| 1863 | 59.004 | » | dito | 9.500 |
| 1864 | 55.000 | » | dito | 13.500 |
| 1865 | 77.000 | " | dito | 15.400 |
| 1866 | 76.000 | » | dito | 17.500 |

N'est-il pas évident que le nouveau régime a fait progresser les armements depuis 1860, malgré l'objection que l'on pourra faire que le tonnage des steamers de la Compagnie Générale Transatlantique figure dans les chiffres ci-dessus.

Voici maintenant le chiffre du tonnage existant en Angleterre au 31 décembre 1868 :

5.675.000 tonneaux, dont 875.000 à vapeur, immatriculés dans le Royaume-Uni.

1.370.000 » dont 73.000 à vapeur, immatriculés dans les colonies anglaises.

Total. 7.045.000 tonneaux, dont 948.000 à vapeur.

Et maintenant, si on examine la marine anglaise, aujourd'hui sextuple de la marine française, croit-on que les armements anglais soient plus économiques que les nôtres ?

De nombreux exemples prouvent le contraire.

Dernièrement, deux bateaux à vapeur anglais arrivaient dans notre port avec équipages anglais, c'étaient le *Montezuma* et le *St-Patrick*.

L'un a été acheté et son équipage a été congédié, puis remplacé par un équipage français.

Là où les Anglais avaient 35 hommes et des salaires mensuels de 3,750 fr., la maison française a mis 25 hommes avec des salaires mensuels de 2,700 fr. !

Voici la décomposition des équipages et des gages mensuels :

| ÉQUIPAGE ANGLAIS | | ÉQUIPAGE FRANÇAIS | |
| --- | --- | --- | --- |
| 1 Capitaine. | £ 21 | 1 Capitaine | 400 |
| 1 Second | 10 | 1 Second | 200 |
| 1 Lieutenant | 6.10 | 1 Lieutenant | 150 |
| 1 Charpentier | 6.10 | 1 Maître d'équipage | 90 |
| 1 Maître d'équipage | 4.10 | 1 Charpentier | 90 |
| 17 Matelots | 3.5 | 1 1er Mécanicien | 300 |
| 4 Chauffeurs | 4 | 1 2e do | 200 |
| 3 Soutiers | 3 | 1 1er Chauffeur | 120 |
| 1 1er Mécanicien | 15 | 1 2e do | 80 |
| 1 2e do | 11 | 1 3e do | 80 |
| 1 3e do | 7.16 | 11 Matelots | 55 |
| 1 Cuisinier | 5 | 2 Mousses | 25 |
| 1 2e do | 5 | 1 Cuisinier | 100 |
| 1 1er Garçon | 3 | 1 2e do | 20 |
| 1 2e do | 3 | 1 Maître d'hotel | 80 |
| 1 Novice ou Mousse | 1.10 | | |

L'autre navire avait 45 hommes, officiers et équipage. Chaque sous-chef avait, en quelque sorte, un second pour le doubler ou le servir. Quand ce navire va au Canada *avec des émigrants*, son équipage comporte 55 hommes. En France, le même navire eût navigué avec 32 à 35 hommes *y compris le service des émigrants*.

En examinant les comptes de navires anglais et les comparant aux comptes de navires français, on trouve de grandes différences entre les charges qui écrasent les navires à Londres et à Liverpool, et celles qui pèsent sur les navires qui fréquentent le port du Havre.

Voici quelques comparaisons relevées sur des comptes réels, qui datent déjà, il est vrai, de cinq ou six ans, mais peu importe (1).

La comparaison a lieu entre un navire anglais jaugeant 954 tonneaux qui a livré 1,275 tonneaux d'assortiment de Calcutta, et un navire français de 678 tonneaux qui a livré 1,100 tonneaux d'assortiment de la même provenance. — Le premier navire a fait son voyage en dix mois et demi ; le navire français en dix mois.

---

(1) Voir appendice Note CC 1 à 8, CC, 9. Frais de navigation dans le port du Havre CC 10, Droits de douane existant en 1864, sur les navires de tous pavillons, page 95 et suivantes.

Les dépenses *assimilables* établissent la différence des charges entre le Havre et Londres :

| Dépenses du Navire anglais de Londres | | Dépenses du Navire français du Havre | |
| --- | --- | --- | --- |
| Pilotage de sortie | 1.150 | Pilotage de sortie. | 150 |
| —  de rentrée | 600 | —  de rentrée. | 281 |
| Remorquage de sortie | 1.600 | Remorquage de sortie | 100 |
| —  de rentrée | 1 000 | —  de rentrée | 220 |
| Courtage et fret de sortie | 5 0/0 | Courtage et fret de sortie | facultatif? |
| Vivres et provisions. | 13.000 | Vivres et provisions | 10.000 |
| Assurance sur corps, *franc d'a-raries, séjour à Calcutta non compris.* Aller, 2 0/0, retour, 2 0/0 | 4 0/0 | Assurance sur corps à l'année, *toutes avaries et séjour à Calcutta compris, primes réductibles par quinzaine* | 6 3/4 % |
| Débours à Calcutta (commissions non comprises) | 17.641 | Débours à Calcutta (commissions non comprises) | 14.118 |
| Droits à Londres : départ | 950 | Droits au Havre : départ | 0 |
| —  retour | 2.650 | —  retour. | 650 |
| Gages d'équipage. | 23.500 | Gages (par mois 1.505 fr.) | 15.050 |
| | | Plus, chapeau du capitaine, 5 0/0 | 5/6000 |

En Angleterre, les capitaines n'ont qu'un traitement fixe de 5 à 10,000 fr. par an. En France, leur fixe n'est que de 150 à 200 fr. par mois ; mais il leur est accordé 3 à 5 0/0 sur le fret, ce qui porte leur rémunération de 5 à 10,000 fr., et quelquefois plus, sur les lignes régulières où il y a de grands navires. Ils sont, il est vrai, responsables des pertes de colis.

Les équipages coûtent, en France, 45 à 60 fr. par mois et par homme, et, en Angleterre, 65 à 90 fr.

Dans les discussions au Corps Législatif de janvier 1870, on a dit que les navires français qui allaient à Cadix et à Riga payaient plus que le navire étranger qui venait à Dieppe. Ce dire confirme pleinement, à l'égard des ports étrangers, le compte qui est établi plus haut pour les ports anglais ; mais que signifie-t-il aussi? *Il signifie que les navires étrangers quitteront leurs ports pour les nôtres, à cause du bon marché des nôtres,* et que la marchandise le fera en même temps qu'eux; que nous deviendrons les entrepôts de l'Europe, et que si le pavillon étranger prend, dans l'avenir, une grande part des transports, nos navires augmenteront néanmoins, parce qu'il y aura à transporter non-seulement les marchandises qui venaient en France d'une manière normale, mais aussi celles qui allaient précédemment à l'étranger. Croit-on que les Anglais, dont la marine est si puissante sans contredit, transportent toutes les marchandises qui viennent chez eux sous pavillon national? Loin de là. Les relevés officiels de l'année 1868, présentés aux Chambres anglaises, constatent :

|  | Entrées du long-cours. | Sorties au long-cours. |
|---|---|---|
| Pavillon anglais | 3.250.000 Tx. | 4.000.000 Tx. |
| Pavillon étranger | 1.000.000 » | 1.400.000 » |

|  | Entrées des ports d'Europe ou grand cabotage. | Sorties pour les ports d'Europe ou grand cabotage |
|---|---|---|
| Pavillon anglais | 2.500.000 Tx. | 2.000.000 Tx. |
| Pavillon étranger | 3.500.000 » | 3.344.000 » |

Il résulte de ces comparaisons qu'il sort d'Angleterre, au long-cours, plus de tonnage qu'il n'en entre du long-cours, soit sous pavillon national, soit sous pavillon étranger ; mais comme il sort du grand cabotage moins de tonnage qu'il n'en entre du grand cabotage, il est clair aussi que pavillons nationaux et étrangers, après avoir importé en Europe des produits exotiques, se donnent rendez-vous en Angleterre pour se disputer les frets de sortie.

Or, ici se présente une observation remarquable : c'est qu'au long-cours, le pavillon étranger prend 25 0/0 environ du fret de sortie.

Qu'au grand cabotage, le pavillon étranger prend plus de 62 à 63 0/0 de ces transports.

Et que, malgré cette compétition, la marine anglaise est puissante, de l'aveu de tout le monde et surtout des protectionnistes.

Si, maintenant, on consulte les volumes des douanes françaises, donnant le mouvement de la navigation en France, par périodes décennales, depuis 1826, on trouve que la moyenne annuelle des entrées du long-cours dans les ports français est :

|  | Pavillon français. | Pavillon étranger. |
|---|---|---|
| De 1827/1836 | 458.000 | 703.000 |
| De 1837/1846 | 739.000 | 1.305.000 |
| De 1847/1856 | 1.083.000 | 1.719.000 |
| De 1857/1866 | 1.870.000 | 2.844.000 |

En présence d'une pareille prépondérance du pavillon étranger, les libre-échangistes ne sont-ils pas en droit de demander à quoi a servi la protection, puisque avec elle le pavillon étranger prend 60 0/0 de l'importation en France, et que, sans elle, en Angleterre, ce pavillon ne prend que 25 0/0 de ces mêmes importations du long-cours.

De tout cela, il résulte que les dépenses de pilotages, remorquages, droits de toute espèce, approvisionnements, gages d'équipage, sont infiniment plus chers en Angleterre qu'en France, qu'en Angleterre il faut aussi compter avec le pavillon étranger, et c'est en vain que l'on cherche où sont les avantages de l'Angleterre *en dehors de ses frets de sortie.*

C'est sur cette question des frets de sortie qu'il importe maintenant de s'arrêter.

D'abord il sort de France pour l'Angleterre plus de produits fabriqués, destinés à la réexportation d'Angleterre, pour l'étranger, qu'on ne le croit généralement.

Ces produits sont dirigés sur Manchester, où on les empaquète et étiquète à l'anglaise, et sont envoyés au dehors comme produits anglais.

Ces opérations se font généralement par contrats qui obligent au secret le plus absolu.

Si nos mesures et poids étaient les mêmes que les mesures et poids anglais, ou du moins rapportés aux dimensions et habitudes anglaises, il est probable que depuis longtemps notre fabrique française aurait créé ses marques et débouchés à l'étranger. Mais quand nous sommes encombrés chez nous de produits fabriqués pour le pays, nous ne pouvons les envoyer au dehors. Personne ne nous paiera nos excédants de largeur, de poids, et même donnerions-nous ces excédants gratis, nul ne voudra de nos étoffes ou de nos produits, dont les dimensions différentes des usages occasionneront des dépenses de main-d'œuvre pour les ramener aux dimensions usitées. Une Indienne ou une Créole, habituée à se draper dans une étoffe d'un certain nombre de lés d'une certaine largeur, sera gênée si ce même nombre de lés lui donne une robe ou plus large ou plus étroite, qu'elle n'a l'habitude de la porter. Il en sera de même de briques, de poutres, de bois, etc., etc.

Les Anglais ont donc un immense avantage sur nous dans les frets de sortie, mais il faut dire aussi que la tactique suivie par eux pour se créer ces frets de sortie et celle suivie par nous, jusqu'en 1869, année de l'abolition de la surtaxe de pavillon, sont diamétralement opposées.

Ils visent à sortir pleins, à de bons taux de frets et à revenir avec de pleins chargements, mais à très bas taux de fret.

Les Français se sont résignés à sortir vides, comme y étant fatalement condamnés par leur soi-disant infériorité, et visent à revenir pleins, à de très beaux taux de fret.

Pour atteindre ce résultat, ils ont eu longtemps la protection ; maintenant, que cette protection s'en va, ils veulent la faire revenir en réclamant le rétablissement des surtaxes de pavillon.

Comment ne s'aperçoit-on pas, cependant, que si la marchandise n'est importée en France qu'à prix plus élevé qu'en Angleterre, le commerce français d'exportation sera condamné à périr? Il ne pourra plus en effet acheter en France à assez bon marché pour lutter avec les produits que le commerce anglais enverra sur les mêmes marchés que lui.

De là, plus de frets de sortie ; puis, quant aux frets de retour, pas d'espoir d'en avoir d'abondants, car, plus de possibilité de développer l'industrie nationale *au-delà des besoins du pays* ; plus de possibilité de faire des importations en France, dans le but unique de revendre avec profit à la réexportation, puisque la marchandise rentrera, *grâce aux frets,* plus cher en France que dans les entrepôts voisins. D'où réduction du nombre de négociants étrangers disposés à opérer avec la France et *à donner du fret à nos navires français. Souvent il suffira du fait bien plus que de l'importance du droit* pour détourner les négociants d'entrer en relation avec les marchés Français.

Les protectionnistes ont fait à la protestation du commerce du Havre, contre leurs idées, le reproche de contenir des signatures d'étrangers (1). Est-ce que par hasard les armateurs français prétendent que les navires français ne doivent êtres chargés que par des négociants français, et que les convenances seules des armateurs doivent être en cause dans cette grave question de l'échange des produits.

Il est encore un point sur lequel la tactique anglaise l'emporte sur la nôtre. En prenant son fret sur la marchandise d'exportation, la nation anglaise prend à son profit l'argent des étrangers et augmente la fortune générale. Nos

---

(1) Voir cette protestation, A 6, appendice page 90.

armateurs, en prenant leur fret sur la marchandise d'importation, prennent à leur profit l'argent des industriels ou des consommateurs du pays et n'augmentent pas la fortune générale.

Ceci ne serait pas exact si l'industrie française pouvait ensuite écouler ses produits à l'étranger avec bénéfice, malgré les surcharges payées par elle ; mais il a été prouvé plus haut que l'industrie française, avec des frets de retour élevés, ne pourrait produire que pour le pays et nullement pour l'exportation, d'où le raisonnement est absolu et juste.

Enfin, on parle du transport des charbons du Pays-de-Galles pour tous les points du globe.

D'abord, les navires *anglais* qui reviennent *chez eux* avec des cargaisons de produits exotiques sont obligés d'aller décharger ailleurs qu'au Pays-de-Galles, puis de relever, *tout comme les navires français*, pour Cardiff ou pour Swansea.

Or, ces relèvements sont aussi chers au moins pour les Anglais que pour les Français.

Voici, du reste, un tableau qui prouve qu'il est souvent plus économique d'acheter son charbon dans le port de chargement que de relever pour le Pays-de-Galles :

## TABLEAU COMPARATIF

Des Frais supplémentaires occasionnés à un navire partant du Havre pour la Plata ou pour l'Inde, s'il va charger de la houille dans un port d'Angleterre.

| | **A, 3e Voyage (neuf)** Capitaine X — Jauge 623 Tx 31 — Chargé 794 — pour Pointe-de-Galles — en 1854 (guerre de Crimée). | **B, 3e Voyage (neuf)** Capitaine X — Jauge 678 Tx 36 — Chargé 824 — pour Calcutta — en 1857 | **C, 10e Voyage** Capitaine X — Jauge 303 Tx 43 — Chargé 431 — pour Singapore — en 1857 | **D, 11e Voyage** Capitaine X — Jauge 244 Tx 89 — Chargé 327 — pour Singapore — en 1857 | **A, 8e Voyage** Capitaine X — Jauge 623 Tx 21 — Chargé 810 — pour Trincomalee — en 1859 | **C, 13e Voyage** Capitaine X — Jauge 303 Tx 43 — Chargé 412 — pour Singapore — en 1859 |
|---|---|---|---|---|---|---|
| **AU HAVRE** | | | | | | |
| Lest, Frais d'embarquement compris | [illegible] | [illegible] | [illegible] | [illegible] | [illegible] | [illegible] |
| Assurance Maritime | [illegible] | [illegible] | [illegible] | [illegible] | [illegible] | [illegible] |
| Équipage, Gages | [illegible] | [illegible] | [illegible] | [illegible] | [illegible] | [illegible] |
| do Vivres | [illegible] | [illegible] | [illegible] | [illegible] | [illegible] | [illegible] |
| Intérêts sur valeur du navire | [illegible] | [illegible] | [illegible] | [illegible] | [illegible] | [illegible] |
| Total | [illegible] | [illegible] | [illegible] | [illegible] | [illegible] | [illegible] |
| **AU PORT ANGLAIS** | | | | | | |
| Droits de Port et Docks | [illegible] | [illegible] | [illegible] | [illegible] | [illegible] | [illegible] |
| do sur chargement | [illegible] | [illegible] | [illegible] | [illegible] | [illegible] | [illegible] |
| Droits de Ville et Douane | [illegible] | [illegible] | [illegible] | [illegible] | [illegible] | [illegible] |
| Droits de Feux | [illegible] | [illegible] | [illegible] | [illegible] | [illegible] | [illegible] |
| Droits de Quais | [illegible] | [illegible] | [illegible] | [illegible] | [illegible] | [illegible] |
| Pilotage de Lundy Island | [illegible] | [illegible] | [illegible] | [illegible] | [illegible] | [illegible] |
| do d'entrée au Port | [illegible] | [illegible] | [illegible] | [illegible] | [illegible] | [illegible] |
| do de sortie du Port | [illegible] | [illegible] | [illegible] | [illegible] | [illegible] | [illegible] |
| Bateaux d'aide et Gratifications aux Pilotes | [illegible] | [illegible] | [illegible] | [illegible] | [illegible] | [illegible] |
| Remorquages | [illegible] | [illegible] | [illegible] | [illegible] | [illegible] | [illegible] |
| Délestage | [illegible] | [illegible] | [illegible] | [illegible] | [illegible] | [illegible] |
| Arrimage | [illegible] | [illegible] | [illegible] | [illegible] | [illegible] | [illegible] |
| Total | [illegible] | [illegible] | [illegible] | [illegible] | [illegible] | [illegible] |
| Vivres et provisions pendant le séjour et au départ | [illegible] | [illegible] | [illegible] | [illegible] | [illegible] | [illegible] |
| Frais d'huilet | [illegible] | [illegible] | [illegible] | [illegible] | [illegible] | [illegible] |
| Achat de matériel | [illegible] | [illegible] | [illegible] | [illegible] | [illegible] | [illegible] |
| Frais extra pour chargement, journaliers, etc. | [illegible] | [illegible] | [illegible] | [illegible] | [illegible] | [illegible] |
| Menues dépenses et Frais divers | [illegible] | [illegible] | [illegible] | [illegible] | [illegible] | [illegible] |
| Frais divers de la note du Courtier | [illegible] | [illegible] | [illegible] | [illegible] | [illegible] | [illegible] |
| Total | [illegible] | [illegible] | [illegible] | [illegible] | [illegible] | [illegible] |
| Courtier, Courtage et Déclarations | [illegible] | [illegible] | [illegible] | [illegible] | [illegible] | [illegible] |
| Consulat français | [illegible] | [illegible] | [illegible] | [illegible] | [illegible] | [illegible] |
| Consulat étranger | [illegible] | [illegible] | [illegible] | [illegible] | [illegible] | [illegible] |
| Dépenses du Capitaine non justifiées | [illegible] | [illegible] | [illegible] | [illegible] | [illegible] | [illegible] |
| Courtage d'affrètement | [illegible] | [illegible] | [illegible] | [illegible] | [illegible] | [illegible] |
| Total au port anglais | [illegible] | [illegible] | [illegible] | [illegible] | [illegible] | [illegible] |
| Grand Total pour | [illegible] | [illegible] | [illegible] | [illegible] | [illegible] | [illegible] |
| Soit par tonneau chargé (1) | [illegible] | [illegible] | [illegible] | [illegible] | [illegible] | [illegible] |
| Taux de l'Affrètement | [illegible] | [illegible] | [illegible] | [illegible] | [illegible] | [illegible] |
| Le fret se trouve réduit à | [illegible] | [illegible] | [illegible] | [illegible] | [illegible] | [illegible] |

(1) Cette moyenne par tonneau chargé prouve qu'en achetant du charbon au Havre à 12 fr. de plus qu'à Cardiff, on a encore le charbon meilleur marché que celui [...] avantage sur le navire qui va en charger à Cardiff en faisant 16 à 17 fr. de frais. Il reste même assez de marge pour vendre [...] importé directement de Cardiff.

Il nous faut entrer maintenant dans l'examen du coût des constructions
navales, en France, en Angleterre et même à Brême.

Voici d'abord ce qu'on lit dans l'enquête de 1860 :

Sir W. Lindsay dit, vol. I, page 555 :

« Le prix des navires, à l'étranger, varie suivant le tonnage et les condi-
» tions d'armement.

» En Angleterre, il est gradué d'après la classe des bâtiments.

» Les navires cotés Atlantique 1<sup>re</sup> classe, d'une durée de six ans, coûtent de
» 11 à 13 £ (275 à 325 fr.) par tonneau.

» Les prix pour les bâtiments de 1<sup>re</sup> qualité, d'une durée de douze à quinze
» ans, varient de 18 à 24 £ (450 à 600 fr.) du tonneau, y compris le doublage
» en cuivre, le gréement et tous les frais d'armement, à l'exception des
» provisions. »

Puis on trouve, vol. I, page 557 :

**M. Michel Chevalier.** — « M. Lindsay n'a pas répondu à la ques-
» tion relative aux prix des navires construits au Canada. »

**M. Lindsay.** — « Ce prix est, en moyenne, de 9 à 13 £ (225 à 335 fr.)
» par tonneau, en y comprenant le doublage en cuivre, le navire étant, en un
» mot, prêt à prendre la mer. »

M. Alfred Quesnel, de son côté, a dit (même volume, page 423) :

« Ainsi, l'on voit constamment, à Londres et à Liverpool, des navires neufs
» envoyés du Canada pour être vendus sur le marché, comme le serait toute
» autre marchandise de fabrique, et dont le prix habituel, *sans doublage et*
» *sans liaisons suffisantes, d'ailleurs,* varie de 6 à 8 £ du tonneau (150 à 200
» fr.) — Les entrepreneurs de Londres et de Liverpool se chargent de complé-
» ter leurs liaisons et leur armement, de manière à leur faire obtenir une cote
» de 7 ans, au Lloyd, pour 100 fr. du tonneau. »

Et M. Lindsay, de nouveau, dans une déposition écrite (vol. I, page 588),
rendant compte d'une visite au chantier de M. A..., de Bordeaux, parle d'un

navire en bois de 720 tonneaux de port en lourd, 538 tonneaux de jauge française, 539 de jauge anglaise ; il ajoute :

« Le prix de ce bâtiment, prêt à prendre la mer, y compris le doublage en » cuivre et tous les préparatifs nécessaires pour un voyage dans l'Inde (sauf » les provisions), était de 14 £ 15 shˢ (368 fr. 75) par tonneau anglais de jauge. » J'atteste, sans crainte d'être démenti, que, dans la plupart des ports de » constructions maritimes, en Angleterre, un navire semblable ne pourrait pas » être livré à aussi bas prix.

» Ces faits ont tant d'importance que je voudrais les voir connus, non-seule- » ment de Votre Excellence, mais aussi de tout le monde commerçant. »

Ces dépositions établissent clairement le coût des constructions en Angleterre et au Canada. En outre, l'Exposition internationale maritime de notre ville a permis de faire, en 1868, une étude assez approfondie de cette question.

Les spécimens envoyés par

MM. Leviels frères, constructeurs à Honfleur ;

Napier & sons, constructeurs à Glasgow ;

Teckhelborg, constructeurs à Bremerhaven,

étaient plus que suffisants, pour bien fixer les idées. — Il paraît inutile d'ajouter que l'Exposition de MM. Leviels frères est citée ici comme étant une des plus importantes, mais d'autres chantiers français sont en mesure de faire aussi bien qu'eux.

L'exposition de MM. Leviels avait pour but de prouver que l'on construit en France des navires aussi grands que dans les autres pays ; que ces navires sont composés, comme coque, gréement, mâture, voilure et armement, de matériaux égaux en qualité, sinon supérieurs, à ce qui s'emploie ailleurs, que leur prix de revient est inférieur, à qualité égale, à celui des constructions anglaises et dans des proportions généralement ignorées.

Les échantillons déposés sur la table de MM. Leviels frères provenaient de produits des meilleures fabriques françaises. Du reste, personne n'ignore que, dans les ouragans et les ras de marée, les navires français résistent, quand ceux des autres nations, sauf les Espagnols, se perdent en grand nombre.

Toutes les coques mises sur la table comportaient toutes les améliorations pratiques acceptées en Angleterre, et on peut dire qu'entre ces navires et les navires anglais de premier ordre, il n'y avait de différence que ce qu'on peut appeler des caprices d'armateur ou caprices de pays.

Or, toutes ces constructions rentraient de 350 à 370 fr. par tonneau de jauge (14 £ 1/4 à 14 3/4), avant mise en charge, mais entièrement prêtes à recevoir la cargaison, munies de toutes les fantaisies de l'armateur, grevées des intérêts à 6 0/0 pendant la construction, et de la commission d'usage de 2 0/0 sur le coût, avant la mise en charge.

Il y avait, par contre, dans l'exposition de MM. Napier & sons, de Glasgow, le modèle du *Roslin-Castle* et du *Pembroke-Castle*, jaugeant 1,091 tonneaux. Ces navires, au dire de l'armateur, ont coûté environ 22,000 £, soit 550,000 fr., et, suivant lui, ne pouvaient être construits en France pour moins de 625,000 à 650,000 fr. (1).

Ce *Roslin-Castle* devait charger environ 2,200 tonneaux, de 40 pieds cubes anglais ; or, dans l'exposition de MM. Leviels frères, il y avait un navire jaugeant 1,081 tonneaux. Le *Fénelon* portant exactement la même quantité de 2,200 tonneaux, de 40 pieds cubes anglais, qui n'avait coûté que 355 fr. du tonneau (ou 14 £ 1/4), soit 383,000 fr., et ce navire ne laissait rien à désirer comme qualité des matériaux employés dans sa construction ou son armement, ni comme port en lourd ou en assortiment.

Il est vrai que quelques personnes objecteront que la comparaison est faite entre un navire en fer et un navire en bois et qu'elle n'est, par conséquent, pas exacte ; que le navire en fer coûte moins cher à faire naviguer attendu qu'on n'est pas obligé de l'amortir aussi vite qu'un navire en bois exposé à la pourriture, etc., etc.

D'abord, au point de vue de la pourriture, un navire en bois est pourri en cinq ans ou il ne pourrira pas. Donc cette période passée sans accident, le navire en bois, pourvu qu'il ait été convenablement lié et chevillé, sera de longue durée.

Mais il y a dans l'amortissement autre chose que l'usure à prévoir. C'est la destruction par les progrès de la science ou du commerce des instruments dont on se sert. Supposons que les navires construits en 1855 soient tous en fer et peu amortis aujourd'hui. Quelle serait leur position en présence des coques nouvelles qui portent 7 ou 8,000 balles de coton de l'Inde, et des changements dont on est menacé par le développement de la navigation à vapeur.

---

(1) Voir appendice Note DD, page 112.

Il s'opère en ce moment une immense révolution dans la marine marchande par l'adjonction de machines modérément puissantes à des navires munis d'une forte voilure basse. Des expériences très concluantes viennent d'avoir lieu au Havre à cet égard, et de toutes parts on construit des steamers dont le prix de revient de navigation est très peu élevé.

Ces sortes de navires dépensent par voyages la même somme que les voiliers de même jauge ; et le prix de revient de navigation par tonneau de port n'est augmenté que de la différence entre le port du navire sans machine et soutes et le port du navire avec machine et soutes : cette réduction de capacité peut être évaluée à 23 0/0 de la capacité du voilier. D'où le prix de revient de navigation en raison de la partie disponible de la cale du steamer est de 30 0/0 plus élevé que le prix de revient de navigation d'un voilier *de même capacité que la place restée disponible dans le steamer*. Cette différence devient nulle si on considère que les passagers émigrants et de première et deuxième classe viennent de plus en plus par steamer, se placent dans des installations qui ne font pas partie de la cale, et que ce fret échappe de plus en plus aux voiliers. En outre, le prix de revient de navigation d'un voilier ne peut être aussi exactement établi que celui d'un steamer, attendu que les traversées de voiliers donnent lieu à des imprévus qui n'ont pas lieu avec des steamers et qui sont fréquemment très onéreux.

Cependant comme un des éléments de succès des steamers est la promptitude des opérations et leur peu de séjour dans les ports ; comme les petits ports où il faut séjourner pour réunir un chargement leur seront fermés encore longtemps, il ne faut pas désespérer entièrement de la marine à voiles.

En présence de ces résultats, de l'ouverture toute récente du canal de Suez, la position de l'Angleterre, dont les capitaux sont si largement engagés dans la marine à voiles et dans des systèmes de machines à changer complétement, n'est-elle pas plus critique que celle de la France ? Pourquoi donc aujourd'hui, lorsque tout est à faire dans un ordre nouveau d'idées, la France ne marcherait-elle pas de pair avec l'Angleterre. N'y a-t-il pas, pour donner confiance aux Français, cet immense mouvement d'émigration continentale qui se prononce et qui est certes le meilleur fret de sortie qu'il puisse être donné à une marine de rencontrer.

On a dit encore que, les coques en fer pesant moins que les coques en bois, les navires en fer étaient plus  avantageux comme port en lourd.  A cet égard, les opinions sont partagées et généralement on pense que pour avoir une coque en fer de toute solidité on ne peut la faire plus légère que la coque en bois.

Les navires en fer ne sont donc pas tout avantage comme beaucoup semblent le croire et généralement ils  sont  d'une  grande  infériorité  de  marche. Si en Angleterre on a développé ce système de construction, c'est que le bois est venu à y manquer et que lorsqu'il fallait l'importer de l'étranger il y rentrait trop cher.

La note  CC 2, qui figure à l'appendice, indique du reste que les prix de ces deux genres de construction, en Angleterre, étaient peu différents il y a cinq ans.

En fait de prix de construction il y a prix  et prix. Tout dernièrement une Compagnie Française  faisait  soumissionner  en Angleterre la construction d'un grand steamer de 130 mètres. Douze ou quinze constructeurs anglais firent des propositions et les prix variaient de 63,000 £ à 95,000 £. Les offres les plus nombreuses étaient de 75,000 £ à 80.000 £. L'affaire a été prise par une Compagnie Française pour un prix approchant de la  moyenne  des offres Anglaises.

Enfin, il y a en ce moment en construction à la Seyne un  steamer en fer dont le prix de marché est de 814,000 francs.

Dans cette somme la machine figure pour 150,000 fr., ce qui remet la  coque à 664,000 fr.

Ce steamer sera mâté en trois-mâts barque et aura une grande voilure. Il peut donc être comparé au *Roslin-Castle*. Mais en plus des installations de ce dernier, il aura un troisième pont (12,000 fr.), des aménagements pour 50 passagers de chambre (10,000 fr.), pour 250 émigrants (5,000 fr.), l'installation des soutes à charbon (5,000 fr.) et enfin deux treuils à vapeur et leur chaudières (10,000 fr.) Ensemble 42,000 fr. qui déduits de 664,000 fr. font un prix de de 622,000 fr.

Les armateurs doivent de plus prévoir une augmentation de dépense pour literie, vaisselle, batterie de cuisine, linge pour 300 passagers, soit 25,000 fr., puis les mêmes objets pour l'équipage, environ 11,000 fr.

Pour comparer avec le *Roslin-Castle*, il ne faut ajouter aux 622,000 fr. que les 11,000 fr. concernant l'équipage.

On arrive alors au prix définitif de 633,000 fr.

Comme voilier ce navire porterait :

4,000 M³ de 35 P. C. anglais

3,500 T. de 40 P. C. anglais

2,200 T. de 1,000 kilog.

et jaugerait

1,650 T. français.

Son prix de revient serait donc

$$\frac{633,000}{4,000} = 158 \text{ fr. par T. M}^3$$

$$\frac{633,000}{3,500} = 180 \text{ fr. par T. 40 P. C. anglais}$$

$$\frac{633,000}{2,200} = 287 \text{ fr. par T. de 1,000 kilog.}$$

$$\frac{633,000}{1,650} = 383 \text{ fr. par T. de jauge.}$$

Le *Roslin-Castle* coûtant 550,000 fr., jaugeant 1,091 T. de douane, portant 2,200 T. de 40 P. C. anglais rentrait à

$$\frac{550,000}{1,091} = 504 \text{ fr. par T. de jauge}$$

$$\frac{550,000}{2,200} \quad 250 \text{ fr. par T. de 40P. C.}$$

Si on suppose le *Roslin-Castle* et le navire de la Seyne du même tonnage. 1,091 T. ou 1,650 T., on trouve que leurs coûts de construction seraient :

| | (chiffres ronds). | | (chiffres ronds). |
|---|---|---|---|
| En Angleterre .... | 1091 × 504 = 550,000 | | 1650 × 504 = 832,000 |
| En France ....... | 1091 × 383 = 418,000 | | 1650 × 383 = 632,000 |
| | différence 132,000 | | différence 200,000 |

D'où il faudrait donc ajouter au prix de la construction française 31.50 et 31.67 0/0 pour avoir le prix de la même construction en Angleterre.

De la lettre citée à l'appendice, Note DD, il ne ressort pas très clairement que le prix du *Roslin-Castle* fût dans le port. Il pouvait être hors des jetées. Dans ces conditions, il conviendrait de déduire 50,000 fr. des 550,000 fr. ci-dessus soit par tonneau de jauge $\frac{50,000}{1,091}$. ou 46 fr. par tonneau. Le prix de revient du *Roslin-Castle* serait alors 504 — 46 = 458. Les différences ne seraient plus alors que 82,000 et 124,000 fr. à l'avantage de la construction française. Ces résultats ne sont-ils pas encore plus que très satisfaisants ?

. On peut encore objecter que le *Roslin-Castle* était un navire de luxe. Or, le devis du navire ci-dessus, mis entre les mains d'un ingénieur anglais pour être calculé suivant les prix d'Angleterre, a été chiffré à 787,000 fr., contre 814,000. Qu'est-ce que 27,000 fr. de différence, quand surtout on se reporte à

7

la différence qui existe dans la manière d'appliquer les tôles et les membrures dans chacun des deux pays? 25,000 fr. sont vite absorbés en journées d'ouvriers en fini des ajustements, et nul n'ignore que cette précision d'ajustement est ce qui fait la force d'une coque.

Il est fort difficile de comparer entre eux *deux steamers* à cause des éléments de calcul apportés par le prix de la machine et par les rendements très différents de deux machines de même force nominale.

On sait en effet qu'un cheval nominal s'entend de 2 2/3 à cinq chevaux exprimés, suivant les constructeurs, ou si on aime mieux 200 kilogrammètres à 375, et qu'il y a là autant de sources d'erreurs qu'il y en a dans l'emploi du tonneau de jauge dont il est parlé plus loin.

Mais ce qu'on peut affirmer c'est que la plupart des steamers construits en Angleterre ne portent presque rien eu égard à leur jauge brute, et qu'en général il sont très mal compris comme utilisation des coques.

Les constructions anglaises comportent généralement de bons fonds, mais toujours très peu élevés au-dessus de l'eau : jusqu'à ces dernières années, elles n'avaient pas d'œuvres mortes, et par suite de creux de cale.

Il ne paraît donc pas exagéré d'avancer qu'une coque de 500 à 550,000 fr., en Angleterre, peut être construite en France pour 20 à 25 0/0 de moins, et que ces prix ne sont que de 2 ou 3 £ par tonneau plus élevés que le coût définitif de ces coques du Canada, laissant à désirer, quant aux matériaux employés, et si vantées comme le *nec plus ultrà* du bon marché, en fait de constructions navales.

A l'appui, voici le prix de revient de quelques-uns des bateaux canadiens achetés dans le port du Havre, depuis quelques années (1).

Il faut se rappeler que, lors de la carène de ces navires, on doit encore passer des chevilles de cuivre supplémentaires, pour en faire des navires pouvant durer un certain temps ; ces consolidations supplémentaires ne figurent pas dans les calculs ci-dessous.

Il faut aussi mentionner que ces canadiens ne sont vendus en Europe qu'après un premier voyage du Canada. Ils ne sont plus strictement neufs, et, de plus, le constructeur a pu, au moyen de son fret de venue, fait généralement sur une cargaison de bois, diminuer son prix de revient au sortir du chantier.

Dans de pareilles conditions, la France pourrait vendre des navires au retour d'un premier voyage, à des prix bien rapprochés du prix des canadiens.

___

(1) Voir appendice Note EE, page 113.

Constructions du Canada.

(Assurance 8 0/0 l'an)

|  |  |  |
|---|---|---|
| A. Port en lourd | 1,000 | Tx |
| Jauge de douane anglaise | 673 | " |
| B. Port en lourd | 1,500 | Tx |
| Jauge de douane anglaise | 1,006 | " |
| C. Port en lourd | 1,200 | Tx |
| Jauge de douane anglaise | 859 | " |

Constructions d'Honfleur.

(Assurance 6 1 2 0/0 l'an)

|  |  |  |
|---|---|---|
| VAUBAN Port en lourd | 1,200 | Tx |
| Jauge de douane française | 777 | " |

| | Prix d'achat. | Frais additionnels sans droits. | Total. | Par Ton. de port en lourd. | Par Ton de jauge |
|---|---|---|---|---|---|
| A. | F. 135,000 | 50,000 | 185,000 | 185 | 275 |
| B. | » 215,000 | 68,000 | 283,000 | 188 | 281 |
| C. | » 170,000 | 58,000 | 228,000 | 190 | 265 |
| VAUBAN | | | F. 291,000 | 242 5 | 374 |

Le *Vauban*, navire français, paquebot de ligne, équipé comme chevillage, liaisons en fer, cuisine, pompes, chambre, etc., etc., de ce qui se fait pour des paquebots de ligne, rentre donc par tonneau de port en lourd, à 2 £ et par tonneau de jauge à 4 £ 1/5 de plus que les canadiens.

Quelle est, cependant, la véritable capacité de ces deux navires, évidemment le port en lourd et non la jauge de douane ? Cet exemple ne prouve-t-il pas surabondamment que, par notre manière de jauger, nous faisons passer nos constructions pour plus chères qu'elles ne le sont réellement, et ne voit-on pas que les canadiens ne sont pas si bon marché qu'on croit ?

Et aux personnes qui diraient qu'il s'agit de navires à spardeck, il sera facile de répondre qu'un navire à spardeck, qui porte en lourd 50 0/0 de plus que sa jauge, est un navire complet, qui a un troisième pont de plus que les autres.

En consultant les relevés de la page 53, on voit, en effet, que presque tous ces navires sans spardeck ne portaient en lourd que 25 à 30 0/0 de plus que leur jauge.

Dans l'exposition de M. Teckhelborg, il y avait deux navires figurés sur chantiers, et qui étaient en vente à Bremerhaven (1).

Ces navires étaient cotés seulement Atlantique.

L'un jaugeait 656 last (1 last = 1,090 kilog.) Il portait 1,250 tonneaux en lourd.

L'autre jaugeait 553 last et portait 1,030 tonneaux de lourd.

En même temps que ces navires étaient sur chantier à Bremerhaven, MM. Leviels frères construisaient le *Vauban*, à Honfleur.

Le prix de revient de ce navire a été comme on l'a vu ci-dessus de 242 fr. par tonneau de port en lourd, mais il était fini avec tous les caprices de l'armateur, doublé en cuivre, chevillé et relié dans des proportions très différentes des navires brémois, bons navires cependant.

Or, on demandait, pour le premier de ces navires brémois, non doublé, et armé simplement dans les conditions de tout navire à vendre par destination première, 267,400 fr.

Soit 214 fr. par tonneau de port en lourd, et, pour le second navire, dans les mêmes conditions, 230,400 fr., ou 223 fr. par tonneau de port en lourd.

Ajoutant à ces prix 30 fr. par tonneau pour le doublage, et 20 fr. par tonneau, pour complément de chevillage, voilure, liaisons, etc., on obtient :

264 fr. pour le premier navire ;

274 fr. pour le second,

Contre

242 fr. pour le navire de MM. Leviels frères.

En admettant que les calculs sur le doublage et sur le complément de chevillage ne soient pas strictement exacts, il faudrait réduire les 50 fr. ajoutés de 22 fr. pour le premier navire et de 32 fr. pour le second, avant d'en venir au prix de revient du *Vauban* et on resterait toujours coté Atlantique.

Les chantiers de Brême ne paraissent donc pas encore devoir être ceux qui détruiront les nôtres, si nos armateurs français, se rendant mieux compte de ce qu'ils peuvent faire chez eux, ne vont plus aussi facilement prodiguer leurs économies et leurs capitaux aux chantiers étrangers.

Une expérience qu'il serait désirable de voir faire, serait de prendre au hasard

_______

(1) Voir appendice Note FF, page 114.

dix plaques de tôle provenant de navires anglais et dix plaques de tôle de navires français, tous navires de première cote, et alors d'expérimenter à quels poids elles rompraient.

Les tôles employées dans les *bons* chantiers français résistent à 32 kil. par millimètre carré de section.

Du reste, les navires comparés ci-dessus ont été généralement des navires de ligne, c'est-à-dire construits avec un certain luxe relatif. On fait beaucoup de bruit de certaines constructions anglaises qui se font en ce moment pour des maisons du Havre et de Bordeaux à des prix de revient très bas, dit-on.

Voici le prix d'un navire construit à Honfleur en 1868, et qui n'était pas navire de ligne, tout en étant excellent navire :

**COMPTE** de Construction et Armement du Navire **M .-A.**, Capitaine L..., parti pour Saint-Pierre (Martinique) le 16 Février 1869.

| | | |
|---|---|---|
| Construction | F. | 118.763 25 |
| Commission, 2 0/0 | » | 2 375 25 |
| Dans le port, prêt à charger | F. | 121.138 50 |

Le navire a trois ponts.

Par tonneau.

| | | | |
|---|---|---|---|
| Jauge | 414 Tonneaux | F. | 292 50 |
| Port en lourd | 550 » | » | 223 — |
| d° Mètres cubes | 1.000 | » | 121 — |
| Tonn., 50 pieds cubes anglais | 700 | » | 173 — |

En relevant un peu les formes extérieures de ce navire de manière à lui permettre de caler davantage, il eût porté davantage en lourd, et le constructeur n'eût presque pas eu de supplément de dépenses à demander.

Le coût de ce navire pourra être comparé avec intérêt avec celui des constructions anglaises dont il est parlé plus haut.

Il est vrai que plusieurs diront que les prix ci-dessus sont loin de ceux déclarés dans l'enquête de 1862 par des personnes des plus compétentes.

Ici il importe d'entrer dans plus de détails.

Lorsque l'enquête maritime a été ouverte en France, en 1862, on a oublié de déterminer ce qu'on entendait par tonneau de jauge et de s'assurer si cette unité existait réellement, ou si c'était seulement un mot passé dans l'usage et ne représentant rien d'exact comme mesure de capacité.

De cette omission au questionnaire, il est résulté la plus grande confusion dans les réponses des divers déposants. Il en est même advenu que personne ne peut encore formuler, aujourd'hui, la valeur des navires dans chaque pays.

Ceux qui ont dit qu'un navire coûtait, en France, 350 à 400 fr., 450 à 500 fr., 500 à 525 fr. par tonne, ont tous donné à peu près la même valeur aux navires, malgré des prix de revient en apparence si dissemblables.

Pour donner immédiatement une idée de la fausseté du tonneau de jauge comme unité de mesure, il suffit de citer la manière de passer un marché en Angleterre, quand on veut faire construire un navire (1).

On paye sur la jauge de construction ; or, cette jauge s'obtient en multipliant la largeur en pieds par la demi-largeur, et par la longueur, diminuée des trois cinquièmes de la largeur, et en divisant le tout par 94.

On ne s'occupe nullement du creux, de telle sorte que des navires ayant $1^m50$ ou $2^m$ de creux de plus que d'autres, ne jaugeront pas plus les uns que les autres, dès que l'on conservera les mêmes longueurs et largeurs.

Il est facile de voir quelles sources d'abus peuvent surgir de cette manière de faire, si, en achetant un navire, on n'est pas très compétent dans la question et si on ne se tient pas sur ses gardes.

La douane anglaise, au contraire, divise les navires en une quantité de petites sections et les cube aussi exactement que possible ; elle cube même les installations de pont pouvant recevoir des marchandises (2).

C'est la manière la plus exacte de jauger : mais elle est encore très loin d'approcher de la vérité.

En général, les navires anglais, non canadiens, portent en lourd 25 0/0 de plus que leur jauge.

---

(1) Voir appendice Note CC (2), page 96.

(2) » » » CC (2), page 96 et GG, page 115.

En France, on prend la longueur, on multiplie par la largeur, puis par le creux, et on divise par.3.80 (1).

On ne s'occupe jamais des installations de pont.

Cette jauge est très irrégulière ; avec elle un clipper porte en lourd sa jauge ; un demi-clipper, 20 0/0 en plus ; un bon marcheur, bien compris, 33 0/0 ; un navire long, grand, à formes pleines, et cependant encore bon marcheur, 50 0/0.

Voici, du reste, des expériences faites sur différents navires de diverses nationalités qui ont apporté du guano en France (2).

Pavillons français :

| Nombre | Jauge | Livré | Ou en plus |
|---|---|---|---|
| 10 | 5,648 | 7,921 | 37 0/0 |
| 10 | 7,118 | 10,124 | 42 0/0 |
| 10 | 6,645 | 8,639 | 30 0/0 |

Pavillon anglais :

| | Nombre | Jauge | Livré | Ou en plus |
|---|---|---|---|---|
| | 10 | 8,777 | 11,191 | 27 0/0 |
| | 10 | 12,734 | 16,341 | 28 0/0 |
| (3) | 4 | 3,996 | 5,277 | 32 0/0 |

Pavillon américain :

| | Nombre | Jauge | Livré | Ou en plus |
|---|---|---|---|---|
| | 10 | 7,424 | 9,497 | 28 0/0 |
| | 10 | 9,528 | 12,206 | 28 0/0 |
| (4) | 10 | 8,552 | 12,820 | 50 0/0 |

En matière de steamers, la jauge est encore bien plus inexacte.

Le *Montézuma*, déjà cité, jaugeait en Angleterre, lors de l'achat, 711 tonneaux nets, 911 tonneaux bruts. Il vient de subir des transformations

---

(1) Voir appendice Note HH et KK, pages 116 et 117.

(2) » » » MM. page 118.

(3) Dans ces quatre derniers, il y avait un canadien qui portait 100 0/0 de plus que sa jauge, et, en retirant le canadien, le pourcentage devenait 12 à 15 0/0 pour les trois autres navires.

(4) Dans ces dix derniers, un navire portait 100 0/0 de plus que sa jauge.

Il devait y avoir, en outre, des canadiens ou des genres canadiens. Du reste, à Honfleur, Messieurs Leviels frères ont construit, en 1868, le *Vauban*, cité ci-dessus, qui jauge 777 tonneaux, et porte 1,200 tonneaux, soit 55 0/0 de plus que sa jauge.

importantes, par suite desquelles son port en assortiment passe de 900 tonneaux à 1,300. Jaugé de nouveau à la façon française, sa jauge est devenue 679 tonneaux nets, 1,131 tonneaux bruts ; c'est-à-dire que sa jauge nette officielle actuelle est inférieure à l'ancienne, quoiqu'il porte 400 tonneaux de plus que précédemment.

On voit donc combien était impossible, lors de l'enquête, d'établir un prix de revient exact d'après le tonneau de jauge, car il est évident que la dépense du constructeur varie, non en raison de cette jauge ; mais en raison de la consolidation et du développement de la coque destinée à envelopper la cargaison, sauf à tenir compte d'une diminution ou augmentation proportionnelles, au fur et à mesure de l'accroissement des dimensions d'un navire.

Pour avoir des renseignements exacts sur le prix de revient des constructions des différents pays, il fallait plutôt prendre l'unité de 1,000 kilog. et demander le prix de revient par tonneau de *port en lourd,* avec mention du port en assortiment, de marchandises payant fret au poids de 1,000 kilog. ou au cubage de 1 mètre 44.

Alors les comparaisons auraient pu avoir une base à peu près certaine et l'on n'aurait pas tardé à voir combien les Anglais, qui sont cependant ceux qui font construire le plus, paient leur navires plus cher que nous et combien leurs constructeurs abusent des coques très fines à l'avant et à l'arrière, pour éviter les lourdes dépenses occasionnées par le développement des varangues dans les navires pleins.

Il reste maintenant à établir comment les prix de 350 à 400 fr., 450 à 500 fr., 500 à 525 fr., par tonneau de jauge, pour coût des différentes constructions françaises sont à peu près uniformes, quoique si différents en apparence.

Il est à remarquer, d'abord, que presque personne n'a mentionné dans sa déposition si le prix de revient par tonneau de jauge, tel qu'il le comprenait, était hors du port, le navire parti pour son premier voyage, ou le navire dans le port, prêt à charger ; mais non encore assuré pour le premier voyage, non muni des provisions de l'équipage, et les avances non payées, à l'équipage.

En effet, le coût de l'armement spécial à un voyage en-deçà des Caps, est d'environ de 35 à 45 fr. par tonneau de jauge, pour les grands navires, et de 50 à 60 fr. par tonneau pour les navires de 400 tonneaux de jauge et au-dessous.

Si l'on déduit 50 fr. de 525, on arrive à établir un coût de 475 fr. par tonneau de jauge.

Mais il y a encore loin de là aux 360 à 375 fr. donnés plus haut comme prix de revient par tonneau de jauge des constructions d'Honfleur.

Or, les déposants ont encore omis de préciser la nature des installations du pont.

En France, l'habitude assez générale est de mettre le creux de cale égal au tirant d'eau du navire à pleine charge ; les étrangers, au contraire, mettent le creux de cale beaucoup plus grand que le tirant d'eau du navire, ce qui revient presque à construire des navires à spardecks, tout en économisant la dépense du troisième pont.

Chez nous, pour compenser la faible capacité de la cale, on a très souvent construit sur le pont *quoique non jaugés par la douane, ni par le constructeur* des magasins contenant en marchandises 20 à 25 0/0 de la jauge du navire.

Il est évident que ces installations ont coûté au constructeur beaucoup d'argent, puisqu'elles demandaient autant de solidité que la cale et qu'elles ont contribué à renchérir d'autant le prix de revient du tonneau de jauge, *soit du tonneau de cale.*

Quatre navires qui ont commencé par être construits à Honfleur, avec de telles installations, coûtaient lors de la construction 465 à 470 fr. par tonneau. Moyennant une somme d'environ 15,000 fr. à l'origine ou de 25,000 fr. après leur achèvement, on pouvait réunir ces installations à la cale par le prolongement jusqu'au beaupré du pont supérieur de ces installations (1).

Ceci a du reste été fait pour ces quatre navires, la jauge a alors changé et l'un de 650 tonneaux de jauge au début, qui coûtait 470 fr. du tonneau ou 287,000 fr., ayant gagné 200 tonneaux de jauge de plus pour 25,000 fr. est devenu un navire de 850 tonneaux.

Divisant le coût primitif 287,000 fr. par 650 on trouve pour prix de revient 470 fr.; ajoutant 45 fr. d'armement pour le premier voyage, on trouve un revient de 515 fr. par tonneau.

---

(1) Voir appendice Note OO, pages 119 et 120.                    8

Divisant enfin le coût primitif (287,000 fr., augmenté de 25,000 fr., soit 312,000 fr.) par 850, on trouve pour prix de revient 367 fr. par tonneau ; ce qui, avec 45 fr. d'armement, fait 412 fr.

Voici donc clairement pourquoi les prix de revient des navires français, à 515 fr., 470 fr., 412 fr. et 367 fr. du tonneau, ne sont pas si différents les uns des autres et comment ils dépendent uniquement des formes et installations des bâtiments et de la manière dont l'armateur fait ses calculs.

Enfin ce travail ne serait pas complet si la question des surtaxes de pavillon et des surtaxes d'entrepôt ne faisait pas l'objet d'un examen attentif.

A l'égard des surtaxes de pavillon, on peut dire qu'elles sont la cause du peu de développement de notre marine marchande. Il y a plus de négociants qu'il n'y a d'armateurs ; or, quand on veut créer des relations entre deux pays, il faut laisser aux négociants le soin de trouver les moyens de transporter les produits à échanger. En établissant les surtaxes de pavillon, on a dit aux négociants : vous ferez des affaires avec la France, *quand il y aura des navires français* sur rade, autrement vous n'en ferez par pavillon étranger que dans des conditions plus onéreuses que lorsque vous ferez vos opérations avec l'Angleterre. Il en est résulté que les négociants ont renoncé à étendre leurs relations avec la France ainsi sequestrée des autres pays, et que lorsqu'un navire français se présentait sur la plupart des rades du globe, il n'y trouvait pas de relations avec la France. L'armateur devait alors ajouter à son état celui de spéculateur en marchandises, et il ne pouvait le faire que dans de mauvaises conditions. Il y a plus, certaines consignations qui sont la source du fret ne s'obtiennent qu'en prêtant des fonds un an d'avance à des planteurs ou des éleveurs de bétail. C'est ainsi que les laines d'Australie et les cafés de l'Inde s'importent en consignation à Londres pour compte des producteurs. Jamais jusqu'à l'année 1869 les Français n'ont pu faire ces opérations, parce qu'il leur a toujours fallu expliquer aux producteurs que s'il n'y avait pas de navires français sur rade, lors de la livraison de leurs produits, ils ne pourraient les expédier en France qu'en leur faisant supporter des surtaxes de pavillon. Et voilà comment la France, *qui consomme presque toutes les laines d'Australie et apprécie beau-*

*coup le café de l'Inde*, n'a jamais pu importer ces denrées directement, et est obligée encore aujourd'hui d'aller les acheter à Londres.

On ajoute que le jute n'a plus depuis longtemps de surtaxes de pavillon, et que cependant l'importation directe n'en a pas lieu.

Il y a là encore un fait bien simple : Ce jute s'achète généralement à Calcutta, qui envoie aussi beaucoup d'autres produits. Le jute se prend à très bas prix, comme complément de cargaisons lourdes de riz, sucre, indigo, etc. Comme cet article procure au navire un assortiment léger, les navires qui avaient déjà du riz, le prenaient à très bas taux de fret quand ils allaient en Angleterre.

Mais quand il fallait venir en France ils demandaient un prix très élevé par la raison simple que la surtaxe de pavillon pesant sur tous autres articles, ils étaient réduits à ne prendre que du jute. Leur chargement qui ne pouvait plus être assorti, lourd et léger, devenait exclusivement léger, c'est-à-dire très onéreux au point de vue du rendement en fret. Voilà pourquoi le jute ne vient pas encore directement, malgré l'abolition de la surtaxe. N'est-ce pas une preuve de plus que les mesures gouvernementales sont mauvaises en matière d'affaires.

Après tout ceci, s'étonnera-t-on que des étrangers établis en France demandent l'abolition de la protection, dans leur intérêt il est vrai; mais au moins autant aussi dans l'intérêt bien entendu des armateurs. Les questions commerciales sont plus grandes que beaucoup ne veulent les voir.

Considérons maintenant les surtaxes d'entrepôt :

En 1865 la Chambre de Commerce de Bordeaux se plaignait de l'invasion de la marine étrangère et que tout le grand cabotage à vapeur se fit par pavillon anglais. Elle attribuait ce fait à la diminution des surtaxes d'entrepôt, qui, disait-elle, écartait de plus l'importation directe et facilitait les importations des entrepôts anglais.

Il paraît facile cependant de se rendre compte que si le grand cabotage se fait sous pavillon étranger et non sous pavillon français, c'est parce que les surtaxes d'entrepôt ayant ôté jusqu'ici aux armateurs français toute matière à transporter des ports d'Europe dans les ports français, il leur était impossible de faire construire des bateaux à vapeur autrement que pour le commerce restreint du petit cabotage; c'est-à-dire de petits bateaux. Quand sont venus les abolitions ou diminutions de surtaxes, il est advenu tout naturellement que l'Angleterre qui avait construit des steamers pour son commerce avec les pays d'Europe, autres que ceux de France, était préparée à venir chez nous tandis que nous étions dépourvus du matériel convenable pour nos propres affaires.

Qu'on abolisse les surtaxes d'entrepôt et on verra bientôt se créer le cabotage à vapeur français concurremment avec le cabotage anglais.

Du reste, ces surtaxes sont-elles bien utiles? En temps ordinaires, les télégraphes nivelleront tellement les divers marchés d'Europe, que les frais de déplacement seront encore des surtaxes d'entrepôt plus que suffisantes pour favoriser l'importation directe.

Enfin n'est-il pas bon de laisser à chacun toute facilité de créer dans la localité de sa résidence toutes les affaires qui sont de sa compétence? N'est-ce pas son droit naturel? Tel qui, avec de faibles capitaux, commencera aujourd'hui des affaires d'entrepôt, *fera quelques mois après des opérations d'importation directe.* Mais il n'en viendra là qu'après avoir commencé par connaître, au moyen d'opérations d'entrepôt, des maisons étrangères, versées dans le commerce lointain qui lui est étranger.

C'est ainsi que le Havre est devenu depuis deux ou trois ans un important marché de bois d'acajou et de campêche et qu'avant peu ces acajous communs remplaceront le chêne dans beaucoup d'emplois.

*Et nos navires n'ont-ils pas tout avantage à voir se développer ces sortes d'affaires, qui leur fourniront un jour du fret dans des ports où ils n'en trouvent pas jusqu'ici et qui augmenteront le nombre des expéditeurs sur France dans les ports où ils ont déjà quelque fret aujourd'hui.*

Ce jour-là, les armateurs reconnaîtront qu'il vaut mieux tirer régulièrement du capital consacré aux armements 8 à 10 0/0, que faire 50 à 100 0/0 de bénéfices une première année, contre 50 à 100 0/0 de perte l'année suivante. Avec des opérations régulières et suivies, le matériel naval sera plus facilement réalisable, et ne sera-ce pas un grand progrès?

Du reste les surtaxes d'entrepôt sont déjà éludées en bien des cas, par certains abus qui s'introduisent dans les tarifs des Compagnies de chemin de fer, dits tarifs de détournement.

Il convient, cependant, de signaler en passant à l'attention publique deux faits d'une certaine importance.

Le premier a trait aux Compagnies subventionnées par l'Etat, et qui peuvent à chaque instant, grâce à leurs subventions, faire une concurrence illicite aux entreprises privées. En ouvrant ensuite nos ports aux Compagnies étrangères subventionnées, on provoque des luttes de géants, et le commerce libre est victime. Il ne faut pas supprimer les Compagnies subventionnées ; elles ont leur utilité ; mais il serait juste de leur imposer des conditions spéciales de tarifs que l'on imposerait aussi aux Compagnies étrangères subventionnées qui fréquenteraient nos ports.

Le second fait, est que si l'usage de nos ports est gratuit en France, c'est grâce à l'impôt que paie le Français. Comme l'étranger n'est pas soumis à cet impôt et jouit de nos ports gratuitement, il en résulte que cet étranger est dans de meilleures conditions que le Français.

La solution serait dans l'exonération de certains impôts pour l'armateur dont les navires paieraient des taxes locales.

Si la liberté des échanges doit être pour les armateurs une occasion de développement de transports, où donc faut-il aller chercher les causes de leurs plaintes.

Pour la marine, comme pour la filature, on peut dire que la guerre civile des Etats-Unis, en diminuant la production du coton, a considérablement diminué la matière à transporter. En même temps, la production du coton augmentant dans l'Inde et chacun supposant que, la guerre civile terminée, les Etats-Unis produiraient autant de coton que par le passé, les armateurs ont comme les filateurs, fait le raisonnement que plus on opérerait avec de puissants instruments, plus on devait économiser sur les frais généraux.

De là sont venues d'énormes constructions navales en fer, destinées à porter de sept à huit mille balles de coton de l'Inde. Ces grands navires ont produit à l'égard des petits ce qu'ont fait les grandes filatures à l'égard des petites.

Si la récolte du coton augmentait d'un million de balles il est à présumer que la position de la marine s'améliorerait sensiblement.

Sans s'arrêter uniquement à ce motif de crise, il est permis aussi de penser que ce qui se passe aujourd'hui n'est qu'une réaction naturelle après les temps prospères que la marine a traversés depuis 1852 et à l'époque de la guerre de Crimée, lorsque tout se développait commercialement parlant, en même temps que s'étendaient partout les voies ferrées, les lignes télégraphiques et les progrès de la mécanique.

On a trop oublié à cette époque que ce qui se passait n'était pas naturel, qu'il fallait suffire aux besoins d'affaires nouvelles en création, mais que viendrait un jour où ces affaires étant créées il n'y aurait plus qu'à pourvoir à leur entretien. Aussi, après avoir construit beaucoup, a-t-il fallu reconnaître que l'on avait trop construit et faut-il maintenant laisser disparaître de nombreux navires.

En résumé, depuis plusieurs années, après une période de magnifique prospérité, nous traversons une période de réaction. Cette situation est inhérente au commerce et aux affaires. On peut même dire qu'elle a son côté nécessaire, car si les affaires n'étaient pas parsemées de difficultés, si on y réussissait toujours et partout, tout le monde deviendrait producteur et industriel On abandonnerait les carrières peu rémunératrices et il n'y aurait bientôt plus de consommateurs.

Le seul remède au mal ne peut donc être que la patience, et dans sa justice le pays doit savoir gré au gouvernement d'avoir osé risquer sa popularité pour faire prévaloir un sytème qu'il croyait bon, et qui sera longtemps encore mal compris.

Il faut, toutefois, demander au Gouvernement d'abandonner les coups d'État commerciaux et de faire ratifier à l'avenir par les représentants du pays toutes les conventions commerciales qu'il jugera bon de provoquer, et comme il convient de faire jaillir la lumière dans tous les esprits, par des enquêtes et par tous autres moyens, il faut déposer à l'enquête dans le sens d'une extension des rapports avec l'étranger, et non dans le sens des anciennes restrictions.

Il faudra, *peut-être*, obtenir une prolongation de la période de transition ; mais pourvu que cette période ne soit pas trop longue, *afin que la génération nouvelle, entrée dans les affaires avec le nouveau régime, n'ait pas trop longtemps à souffrir des égards dûs à la génération qui l'a précédée.*

Il importe, en outre, que le gouvernement fasse respecter à l'avenir les tarifs qui seront adoptés et trouve le moyen d'éviter les fraudes et les fausses déclarations en douane ; mais il importera toujours qu'une fois la voie de la liberté des échanges adoptée il y marche progressivement. avec méthode et fermeté, sans précipitation dans la marche en avant, sans hésitation dans l'abandon du passé.

En conséquence, il y a lieu :

1° de maintenir ou de renouveler les Traités de commerce avec la sanction du Corps Législatif, dans l'intention d'arriver à faire prévaloir un jour le libre-échange comme principe et non comme exception ;

2° de maintenir pendant quelques temps encore les droits d'importation qui existent aujourd'hui, en s'attachant à réduire les erreurs ou injustices constatées ;

3° de diminuer graduellement ces droits pour arriver le plus tôt possible à l'époque où ils pourront être entièrement supprimés.

Havre, 15 Mars 1870.

**Robert QUESNEL.**

De la Maison QUESNEL Frères et Cᵉ, propriétaire de quinze
Navires, A ELLE, jaugeant douze mille tonneaux.

# APPENDICE.

Monsieur le ministre,

Malgré l'incertitude qui règne encore sur certains points de la politique étrangère, on peut prévoir une solution pacifique. Le moment est donc venu de nous occuper des moyens d'imprimer un grand essor aux diverses branches de la richesse nationale.

Je vous adresse dans ce but les bases d'un programme dont plusieurs parties devront recevoir l'approbation des Chambres et sur lequel vous vous concerterez avec vos collègues, afin de préparer les mesures les plus propres à donner une vive impulsion à l'agriculture, à l'industrie et au commerce.

Depuis longtemps, on proclame cette vérité, qu'il faut multiplier les moyens d'échange pour rendre le commerce florissant ; que, sans concurrence, l'industrie reste stationnaire et conserve des prix élevés qui s'opposent aux progrès de la consommation ; que, sans une industrie prospère qui développe les capitaux, l'agriculture elle-même demeure dans l'enfance. Tout s'enchaîne donc dans le développement successif des éléments de la prospérité publique ! Mais la question essentielle est de savoir dans quelles limites l'Etat doit favoriser ces divers intérêts et quel ordre de préférence il doit accorder à chacun d'eux.

Ainsi, avant de développer notre commerce étranger par l'échange des produits, il faut améliorer notre agriculture et affranchir notre industrie de toutes les entraves intérieures qui la placent dans des conditions d'infériorité. Aujourd'hui, non-seulement nos grandes exploitations sont gênées par une foule de règlements restrictifs, mais encore le bien-être de ceux qui travaillent est loin d'être arrivé au développement qu'il a atteint dans un pays voisin. Il n'y a donc qu'un système général de bonne économie politique qui puisse, en créant la richesse nationale, répandre l'aisance dans la classe ouvrière.

En ce qui touche l'agriculture, il faut la faire participer aux bienfaits des institutions de crédit : défricher les forêts situées dans les plaines et reboiser les montagnes, affecter tous les ans une somme considérable aux grands travaux de desséchement, d'irrigation et de défrichement. Ces travaux, transformant les terrains communaux incultes en terrains cultivés, enrichiront les communes sans appauvrir l'Etat, qui recouvrera ses avances par la vente d'une partie de ces terres rendues à l'agriculture.

Pour encourager la production industrielle, il faut affranchir de tout droit les matières premières indispensables à l'industrie et lui prêter, exceptionnellement et à un taux modéré, comme on l'a déjà fait à l'agriculture pour le drainage, les capitaux qui l'aideront à perfectionner son matériel.

Un des plus grands services à rendre au pays, est de faciliter le transport des matières de première nécessité pour l'agriculture et l'industrie ; à cet effet, le ministre des travaux publics fera exécuter le plus promptement possible les voies de communication, canaux, routes et chemins de fer, qui auront surtout pour but d'amener la houille et les engrais sur les lieux où les besoins de la production les réclament, et il s'efforcera de réduire les tarifs, en établissant une juste concurrence entre les canaux et les chemins de fer.

L'encouragement au commerce par la multiplication des moyens d'échange viendra alors comme conséquence naturelle des mesures précédentes. L'abaissement successif de l'impôt sur les denrées de grande consommation sera donc une nécessité, ainsi que la substitution de droits protecteurs au système prohibitif qui limite nos relations commerciales.

Par ces mesures, l'agriculture trouvera l'écoulement de ses produits ; l'industrie, affranchie d'entraves intérieures, aidée par le Gouvernement, stimulée par la concurrence, luttera avantageusement avec les produits étrangers, et notre commerce, au lieu de languir, prendra un nouvel essor.

Désirant avant tout que l'ordre soit maintenu dans nos finances, voici comment, sans en troubler l'équilibre, ces améliorations pourraient être obtenues :

La conclusion de la paix a permis de ne pas épuiser le montant de l'emprunt. Il reste une somme considérable disponible qui, réunie à d'autres ressources, s'élève à environ 160 millions. En demandant au Corps législatif l'autorisation d'appliquer cette somme à de grands travaux publics et en la divisant en trois annuités, on aurait environ 50 millions par an à ajouter aux sommes considérables déjà portées annuellement au budget.

Cette ressource extraordinaire nous facilitera, non-seulement le prompt achèvement des chemins de fer, des canaux, des voies de navigation, des routes, des ports, mais elle nous permettra encore de relever en moins de temps nos cathédrales, nos églises, et d'encourager dignement les sciences, les lettres et les arts.

Pour compenser la perte qu'éprouvera momentanément le Trésor par la réduction des droits sur les matières premières et sur les denrées de grande consommation, notre budget offre la ressource de l'amortissement, qu'il suffit de suspendre jusqu'à ce que le revenu public, accru par l'augmentation du commerce, permette de faire fonctionner de nouveau l'amortissement.

Ainsi, en résumé :

— Suppression des droits sur la laine et les cotons ;
— Réduction successive sur les sucres et les cafés ;
— Amélioration énergiquement poursuivie des voies de communication ;
— Réduction des droits sur les canaux, et par suite abaissement général des frais de transports;
— Prêts à l'agriculture et à l'industrie ;
— Travaux considérables d'utilité publique ;
— Suppression des prohibitions ;
— Traités de commerce avec les puissances étrangères.

Telles sont les bases générales du programme sur lequel je vous prie d'attirer l'attention de vos collègues, qui devront préparer sans retard les projets de lois destinés à les réaliser. Il obtiendra, j'en ai la ferme conviction, l'appui patriotique du Sénat et du Corps législatif, jaloux d'inaugurer avec moi une nouvelle ère de paix et d'en assurer les bienfaits à la France.

Sur ce, je prie Dieu qu'il vous ait en sa sainte garde.

NAPOLÉON.

Palais des Tuileries, Janvier 1860.

## A 1.

*Monsieur le Président de la Commission de l'Enquête sur la Marine marchande, au Corps Législatif, Paris.*

« Havre, 3 Mars 1870.

» Monsieur le Président,

» Nous avons l'honneur de vous remettre, sous ce pli, la copie d'une lettre que nous avons adressée le 15 Février dernier à M. le Ministre du commerce, et nous y joignons la copie de la réponse de Son Excellence en date d'hier.
» Nous pensons que ces documents pourront être consultés utilement par votre Commission, à titre de renseignements sur l'importante question dont elle est saisie.

» Nous vous présentons,

» Monsieur le Président,

» L'assurance de notre considération très distinguée. »

*A Son Excellence Monsieur le Ministre du Commerce et de l'Agriculture, Paris.*

« Monsieur le Ministre,

» Nous avons l'honneur de porter à votre connaissance qu'une maison de Bélize (Honduras) a vendu par notre entremise, sur la place du Havre, plusieurs chargements de bois de campêche, à livrer par navires à désigner, devant partir de Bélize à certaines époques déterminées, notamment en Juin et en Août prochain.
» Ces affaires, toutes nouvelles pour notre marché, ont pris un grand développement depuis que l'abolition des surtaxes de pavillons a permis à l'industrie qui s'est créée pour les extraits de teinture, de s'approvisionner en importations directes de Bélize.
» Cette industrie, dont l'importance a été signalée à la Chambre dans une récente discussion, ne pouvait auparavant acheter des bois de campêche de cette provenance, que lorsqu'elle trouvait à affréter longtemps à l'avance quelque navire français pour le transport, ce qui arrivait très rarement, le pavillon français fréquentant peu ou point la côte du Honduras.
» Mais depuis qu'une législation libérale a ouvert notre port aux pavillons étrangers, cette industrie a pris un nouvel essor, confiante qu'elle était de pouvoir toujours se procurer de larges approvisionnements.
» C'est aussi sous l'empire de cette législation que nos amis de Bélize, non moins confiants dans sa stabilité, se sont engagés pour les coupes de 1870, et leur embarras est extrême aujourd'hui, en présence de l'Enquête qui va avoir lieu sur la loi de 1866, et qui peut, à tort ou à raison, la modifier. Ils se demandent si les navires étrangers qu'ils ont déjà affrétés, ou qu'ils sont sur le point d'affréter, seront ou ne seront pas frappés de l'ancienne surtaxe ; grosse question pour eux, car la surtaxe pour les campêches représente à elle seule 20 0/0 (vingt pour cent) de la valeur de la marchandise rendue au Havre.
» L'embarras n'est pas moins grand pour les industriels qui ont agrandi considérablement leurs établissements, et qui ne savent plus s'ils peuvent compter sur les approvisisnnements nécessaires pour les faire marcher.
» Enfin, les commissionnaires importateurs, qui font les avances en autorisant les tirages contre les envois, se trouvent aussi dans le même embarras, ne sachant plus s'ils peuvent s'engager pour ces sortes d'affaires.

» C'est un véritable désarroi, qui se produit dans d'autres branches d'affaires également, et que nous avons cru devoir vous signaler, Monsieur le Ministre, afin que vous daigniez en faire tenir compte lors de l'Enquête.

» Nous vous prions d'agréer,

» Monsieur le Ministre,

» L'assurance de notre considération la plus distinguée. »


« Paris, le 2 Mars 1870.


» Messieurs, par lettre du 15 Février dernier, vous exposez qu'une maison de Bélize (Honduras) a vendu par votre entremise, sur la place du Havre, plusieurs chargements de bois de campêche, à livrer par navires à désigner, devant partir de Bélize à certaines époques déterminées, notamment en Juin et en Août prochain.

» Vous ajoutez que ces affaires ont pris un grand développement, depuis que l'abolition des surtaxes de pavillons a permis à l'industrie qui s'est créée pour les extraits de teinture de s'approvisionner en importations directes de Bélize. Mais, en présence de l'Enquête qui va avoir lieu sur la loi de 1866, vos correspondants de Bélize, dans l'incertitude où ils sont sur un changement de législation, demandent si les navires étrangers qui sont affrétés ou sur le point de l'être seront ou ne seront pas frappés de l'ancienne surtaxe.

» Les chefs de grands établissements et les commissionnaires ne seraient pas dans un moindre embarras.

» Ainsi que vous le faites remarquer, Messieurs, une Commission d'enquête a été nommée par le Corps Législatif pour l'examen des questions qui se rattachent à la marine marchande ; je ne puis donc que vous inviter à communiquer à cette Commission vos observations et les renseignements que vous auriez à produire. Dès aujourd'hui, toutefois, je puis vous faire remarquer que, quel que puisse être le résultat des délibérations de la Commission d'enquête, les dispositions de la loi du 19 Mai 1866 ne pourraient être modifiées que par une loi nouvelle.

» Recevez, Messieurs, l'assurance de ma parfaite considération.

» *Le Ministre de l'Agriculture et du Commerce.* »

## A 2

# DE LA DÉCADENCE DE LA FRANCE EN 1850.

### PAR RAUDOT, DE L'YONNE (*).

## CHAPITRE II.

### CAUSES DE LA DÉCADENCE ET DES RÉVOLUTIONS DE LA FRANCE.

Si les preuves de la décadence relative de la France sont incontestables , il ne faut pas continuer à dire : la France a des institutions plus parfaites que celles de ses voisins, donc ses progrès doivent être plus rapides; le fait est au-dessus de la supposition ; mais il faut dire au contraire : la France est continuellement en révolution, comme un malade qui s'agite croit trouver dans le changement un soulagement à ses maux et ne fait que les aggraver, la France est en décadence, donc elle s'appuie sur des institutions funestes et sur des principes faux.

Si l'arbre était bon il porterait de bons fruits, il est mauvais puisqu'il donne de mauvais fruits.

Examinons donc ces institutions et ces principes.

### TITRE Ier.

### LA CENTRALISATION.

« L'Europe nous envie, tout le monde le dit en France, la centralisation puissante qui réunit en un seul faisceau toutes les forces de la France,

» Qui ne forme qu'un seul peuple homogène, où toutes les différences de langage, de races, d'idées disparaissent, où les habitudes, les mœurs, les caractères, les sentiments deviennent de plus en plus et partout les mêmes,

» Qui veille sans cesse au bon ordre et à la prospérité publique, et empêche jusqu'au moindre abus qui pourrait se glisser dans l'administration de la plus petite commune comme du département le plus riche, qui semble réaliser le pouvoir de Dieu embrassant d'un regard l'ensemble et les détails, et réglant tout, donnant la vie à tout dans sa suprême sagesse. »

Aux éloges pompeux de la centralisation opposons la réalité, à l'enthousiasme la froide raison.

La centralisation de l'armée, de la marine, des finances de l'Etat, des relations avec les puissances étrangères, la centralisation gouvernementale, en un mot, qui réunit toutes les forces de l'Etat et assure la grandeur de la France, ne peut trouver comme l'unité de législation, que des partisans et des admirateurs parmi les hommes de sens et les bons Français, mais la centralisation de toutes les affaires provinciales et communales, de tous les intérêts, de toutes les existences, de toutes les idées, de toutes les gloires, de toute la vie d'un grand peuple dans sa capitale, c'est là une des grandes causes de la décadence de la France.

---

(*) 4e Édition, pages 28 et suiv. — AMYOT, rue de la Paix, Paris.

Le Gouvernement français, jusqu'à ces derniers temps, avait le droit de nommer à peu près tous les fonctionnaires publics de la France entière : le nombre en est immense (1). Comme le gouvernement perçoit lui-même, en régie, tous les impots directs ou indirects et administre à peu près tout en France, il a dans ses mains l'existence d'une multitude innombrable de personnes, et son influence s'étend sur la foule encore plus grande des solliciteurs. Les fortunes étant généralement très médiocres, chacun veut augmenter son bien-être en prenant part au budget de l'Etat, et toute la France pour ainsi dire sollicite.

D'un autre coté, le Gouvernement regarde comme un bonheur d'avoir tant de serviteurs obséquieux, de là rivalité entre le gouvernement et une partie du public pour augmenter continuellement le nombre des places.

Presque tous ces fonctionnaires sont dans la dépendance absolue du Gouvernement et hors de toute action des particuliers. Ils ne peuvent être poursuivis pour délits commis dans l'exercice de leurs fonctions par personne, ni citoyen, ni commune, ni association, ni ministère public, sans l'autorisation du Conseil d'Etat qui, lui-même, jusqu'à ces derniers temps. dépendait entièrement du Gouvernement. Les juges seuls des tribunaux sont inamovibles, et encore, grâce aux différentes catégories de juges plus ou moins payés, le gouvernement exerce une grande influence sur presque tous les juges par l'espérance d'obtenir une place meilleure.

Il n'existe pour ainsi dire que deux ordres de fonctionnaires indépendants, parce qu'ils ne sont pas payés, les membres des tribunaux de commerce et les maires et adjoints ; et encore !

Les Conseils municipaux ne peuvent prendre la moindre délibération, les administrateurs des communes ne peuvent exécuter le moindre travail, sans l'autorisation préalable du ministre et du préfet ; ils n'ont pas même le droit de choisir les principaux agents et les fonctionnaires payés par la commune, et pour une partie notable des biens des communes, pour leurs bois, les maires n'ont pas le droit de s'en occuper, une administration embrassant la France entière est chargée de les administrer seule.

Quant aux affaires des départements, aux travaux exécutés avec l'argent du département, les préfets seuls en sont chargés, les Conseils généraux n'ont que des avis à donner une fois par an, et les préfets sont dans la dépendance absolue du ministre.

Une Cour unique apure les comptes de tous les receveurs ou payeurs non-seulement de l'Etat, mais des départements et des communes principales.

Le contentieux administratif de toute la France est soumis au Conseil d'Etat, qui siége à Paris.

On ne peut établir une usine, un barrage, exploiter une mine, faire des règlements sur la boucherie, sur la vente et distribution des eaux de fontaine et rivière et sur les alignements, dessécher des marais, former des Sociétés anonymes, entreprises d'assurances et de tontine, faire un don à des établissements publics, sans que le Conseil d'Etat donne son avis et que le gouvernement prononce.

Il n'est pas un coin de terre en France, pas un homme si modeste que soit sa position qui ne sente ce pouvoir multiple de la centralisation.

Examinons son effet sur toutes les parties du corps social ; mais dans tout ce qu'on va lire qu'on ne voie jamais une critique des personnes ; je suis plein de sympathie pour les personnes même lorsque je déteste les institutions.

---

(1) Le nombre des agents salariés de tout grade et des citoyens touchant des retraites ou émoluments est de 535,365, non compris 18,000 agents ou légionnaires payés sur le budget de la Légion-d'Honneur, 15,000 cantonniers de route, et les agents de tout grades dépendant du ministère de l'argriculture et du commerce dont le chiffre n'a pas été donné. Il est vrai que 300,000 agents sont payés par les communes, mais plusieurs sont choisis et nommés par le ministre ou les préfets. (Page 64, I<sup>er</sup> vol. du Budget de 1850.) (F.)

## § 1. — Effets de la centralisation sur les fonctionnaires et sur les affaires.

Pour rendre cette centralisation praticable, il a fallu diviser tous les fonctionnaires par carrières spéciales, où chacun fait une seule chose et presque jamais une autre. On est toute sa vie membre d'une administration, des contributions directes, par exemple, ou des postes, ou de l'enregistrement, ou des contributions indirectes, ou des forêts, ou des douanes, ou des tabacs; l'un sera sous-préfet, ou préfet, l'autre magistrat, un troisième militaire et dans une arme qu'il ne quittera plus, un quatrième ingénieur. Chacun parqué dans sa spécialité n'en sort pas, le principe de la division du travail a été appliqué à la grande exploitation de la France, et ce principe produit ses résultats accoutumés, chacun devient un des rouages de la machine.

Ces fonctionnaires qui presque toujours ont commencé très jeunes à faire ce qu'ils doivent toujours faire, ne voient les hommes et les choses que d'un seul point de vue, leurs idées finissent par prendre la forme du moule où on les a jetées, et ils rappellent le crâne de certains sauvages déformés par leurs parents sous prétexte d'une plus grande régularité.

Ces fonctionnaires finissent tous par regarder comme chose impossible de faire autrement et de faire mieux que ce qu'ils ont toujours fait; avec eux la routine est souveraine et la destruction des abus impossible...

Pour l'admission aux fonctions publiques, l'avancement et les spécialités, nous entrons de plus en plus dans le système chinois et nous avons les progrès des mandarins.

La centralisation veut, de Paris, diriger tous ces fonctionnaires, savoir tout ce qu'ils font; elle les tient continuellement à la lisière, même ceux de l'ordre le plus élevé, leur ôte ainsi toute influence personnelle sur les populations; elle craint de les laisser dans leur pays parce qu'ils pourraient y conserver une indépendance, une volonté et une influence à eux, elle les accoutume à n'avoir pas de volonté, à courir du nord au midi et du midi au nord à la poursuite de l'avancement, à recevoir sans cesse l'impulsion d'en haut. Aussi dans les départements les agents les plus élevés du gouvernement n'ont point d'initiative; s'ils ne reçoivent pas d'ordres de Paris, ils hésitent, ne savent quel parti prendre. Dans les occasions difficiles, livrés à eux-mêmes, ils ressemblent au pauvre aveugle qui a perdu la main de son conducteur. On a vu ce triste spectacle dans les dernières révolutions de la France, on le verra encore.

Ce ne sont pas les scrupules de conscience qui les paralysent; qu'ils reçoivent un ordre quel qu'il soit, ils l'exécuteront bien ou mal, mais il leur faut un ordre. L'arbre qu'on a plié dans sa jeunesse, et pendant de nombreuses années, reste toujours courbé et ne peut jamais se relever.

Mais si ces fonctionnaires sont sans dignité, sans volonté devant le pouvoir central, ils font souvent sentir aux particuliers et aux communes leur puissance tracassière; inviolables pour ainsi dire, puisqu'ils ne peuvent être poursuivis devant les tribunaux qu'avec l'autorisation du Conseil d'Etat, protégés par l'esprit de corps, toujours si puissant, ils peuvent être impunément les agents de l'arbitraire et du despotisme.

L'administration centrale voulant se mêler de tout, régler les moindres affaires, est la plus paperassière qu'il y ait au monde; chaque préfecture, chaque ministère sont encombrés, il faut dans chaque préfecture une compagnie de commis et dans chaque ministère un corps d'armée.

Le préfet, accablé sous les détails, n'a pas le temps de s'occuper sérieusement des grandes améliorations à provoquer ou à faire. Dans un département moyen, le préfet reçoit chaque jour soixante à soixante-dix paquets qui contiennent cent affaires environ, et il doit donner quarante mille signatures au moins dans l'année. Les commis qui n'ont point de responsabilité, dont la vue ne s'étend guère au delà de leur bureau, prennent nécessairement une influence considérable sur l'expédition des affaires. Elle est d'autant plus grande que les préfets ne font souvent que paraître et disparaître.

Aux ministères, c'est encore pis : les affaires de la France entière y affluent. Si tous les procès jugés aujourd'hui souverainement par les Cours d'appel devaient être instruits seulement en province et jugés à Paris par le garde des sceaux, ou plutôt par les commis de la chancellerie, il n'y aurait qu'un cri d'un bout de la France à l'autre contre un système aussi monstrueux. Eh bien ! ce qui révolterait pour la justice s'exécute complétement pour l'administration de la France entière.

Le temps employé à éconduire les solliciteurs qui viennent fondre sur lui de toutes les parties de la France, à signer des monceaux de pièces qu'il est dans l'impossibilité de lire, les discussions souvent minutieuses des Chambres, absorbent le ministre, de sorte qu'il lui est impossible de s'occuper des grandes mesures et de faire des études sérieuses pour la réforme d'institutions mauvaises ou la création de grandes choses. Les ministres semblent régner, les commis gouvernent, de leur mieux, sans doute, mais Dieu sait comme !

Les ministres deviennent des machines à signatures ; et comme par l'accroissement continuel du nombre des signatures ces machines ne pouvaient suffire à la besogne, il a fallu en augmenter le nombre. On a créé de petits ministres qui naturellement, voulant augmenter leur importance et rivaliser avec leurs aînés, ne peuvent y parvenir qu'en augmentant encore la centralisation, qu'en faisant exécuter plus de choses encore par l'Etat, qu'en dépensant plus d'argent. Les petits ministres veulent devenir grands et ne le peuvent qu'aux dépens des administrés et des contribuables.

En multipliant les ministres et en accroissant les attributions du Conseil d'Etat, on a multiplié les rouages ; les affaires doivent souvent passer dans deux, trois, quatre ministères pour recevoir une solution définitive ; on a de cette manière accru deux, trois, quatre fois les lenteurs et les servitudes de la centralisation.

Je sais que contre les abus, ou peut-être en faveur des abus, on a imaginé la responsabilité ministérielle. Les ministres sont responsables non-seulement de leurs actes, mais encore de tous les actes de leurs agents. Cette responsabilité immense, imposée à de pauvres ministres qui n'ont pas même le temps de lire ce qu'ils sont obligés de signer, et dont on pourrait bien dire aussi : *Pardonnez-leur, car ils ne savent ce qu'ils font* ; cette responsabilité impossible est un grand mot vide de sens, une véritable dérision : c'est l'anéantissement de toute responsabilité réelle et la consécration de l'omnipotence bureaucratique et despotique.

En résumé, un véritable administrateur est une rareté, un homme d'Etat un prodige en France.

Nous avons bien des maçons, des manœuvres, des charpentiers, des chefs d'atelier, des entrepreneurs, beaucoup de surveillants divers, mais point d'architectes; ceci explique comment nous avons si souvent la confusion des langues.

§ 2. — Effets de la centralisation sur les administrés et sur la prospérité
publique.

L'inviolabilité assurée aux fonctionnaires, la centralisation et ses mille bras que peuvent vous atteindre partout ont pour résultat de rendre les citoyens timides en tremblants toutes les fois qu'ils ont des intérêts à débattre avec l'Etat ou ses agents; ils sentent leur impuissance, se taisent ou se courbent en attendant ou en appelant une révolution.

Cet état de choses, joint à la médiocrité des fortunes, fait désirer a une multitude de personnes de devenir fonctionnaires publics afin d'avoir leur part de puissance et de budget. Aussi le Gouvernement voit-il sans cesse dans ses antichambres une nation de mendiants d'élite qui lui demandent l'aumone d'une place.

Le Gouvernement n'a pas même eu assez des particuliers solliciteurs de places et de faveurs. Il se fait attribuer des sommes pour donner en secours, c'est-à-dire en aumônes; il a imaginé divers moyens de rendre les communes, les départements, les populations entières solliciteurs en grand. Sans compter les travaux publics qui sont un puissant moyen de tenir des pays entiers dans sa dépendance, la centralisation lui accorde des fonds qu'il distribue selon sa volonté aux bureaux de bienfaisance et aux établissements destinés à soulager la misère, aux communes et aux départements pour fonder des écoles, faire des suppléments de traitement aux professeurs de leurs colléges, construire des bâtiments, réparer des monuments historiques, venir en aide à l'insuffisance de leurs ressources. Le système a, en outre, l'inconvénient de perpétuer, en leur donnant la faculté de vivre aux dépens de la masse, des communes beaucoup trop petites, trop pauvres et qui devraient être réunies aux communes voisines.

Ainsi les populations sont sans cesse excitées à solliciter pour obtenir l'aumône du Gouvernement, et en France, particuliers, communes, hospices, bureaux de bienfaisance, départements, tendent sans cesse la main au ministre.... .............. ............

........La centralisation ayant la haute main sur toutes les affaires des communes, ne leur permettant jamais de rien exécuter sans son autorisation et sa direction, les conseillers municipaux et les maires sont dégoutés de tenter des améliorations que cette centralisation avec ses écritures, ses délais, ses minuties, rend si longues, si difficiles à réaliser.

Quant aux conseillers généraux de département, réunis quelques jours par an pour donner leur avis sur des objets souvent fort importants, ils n'exécutent rien, l'administration tout entière du département est remise aux préfets et aux agents du Gouvernement, et les conseillers généraux donnent leur avis sur des affaires dont l'instruction a été faite et la décision préparée par ces préfets et ces agents. Les conseillers généraux n'ont pas l'expérience, la pratique des affaires, et si par hasard quelques-uns d'entre eux veulent tenter des réformes ou des améliorations, la force d'inertie, le mauvais vouloir de tous les agents de la centralisation chargés de préparer la décision ou de l'exécuter, font échouer contre une foule d'écueils ces réformes et ces améliorations.

Ce système a pour résultat d'anéantir l'émulation, le zèle, l'initiative parmi les représentants des localités élus par les citoyens; pour la moindre amélioration Dieu sait combien il faut d'efforts, de ténacité : la vie d'un homme s'y épuise ; la province est abandonnée par les plus riches propriétaires qui n'ont rien à y faire, les capitaux vont de plus en plus dans la grande ville, l'agriculture est abandonnée à la pauvreté et à la routine. Les Français sont traités sans cesse par leur Gouvernement comme des enfants ayant besoin d'une tutelle continuelle ; avec ce régime, ils restent enfants et souvent enfants terribles au lieu d'être des hommes fermes et raisonnables, et d'un autre côté leurs tuteurs ne peuvent bien gérer leurs affaires.

Qu'importent aux agents du pouvoir central, aux commis de la préfecture et aux commis des ministères les améliorations à faire dans une commune, dans un département? ils sont au contraire naturellement hostiles à toute affaire nouvelle, parce que c'est un dossier de plus, de la besogne de plus, et que leur bureau est déjà encombré. Qu'importent aux préfets et aux agents du Gouvernement des améliorations à faire dans un département où ils n'ont ni famille, ni propriétés, ni intérêts; où ils ont été envoyés souvent comme dans un lieu d'exil, qu'ils quitteront peut-être demain, et fuiraient aujourd'hui même si on leur donnait autre part une meilleure place? S'ils tentent des améliorations ce sera dans l'espérance d'attirer ainsi les regards du ministre, souverain maître de l'avancement, et souvent ces améliorations, destinées à faire du bruit, seront la ruine des finances du département et auront coûté plus cher qu'elles ne valent.

Dans les entreprises et les travaux publics, peut-il y avoir de l'esprit de suite lorsque les administrateurs sont dans un état de mobilité perpétuelle? Et sans esprit de suite que peut-on faire de bien et de grand?

Voilà une des grandes causes de la décadence de la France......................·····
·········.·····.····.·······.·····.··································.···.··



## § 5. — Effets de la centralisation sur la fortune publique.

Les affaires des finances ont été centralisées comme toutes les autres.

On a créé à Paris une caisse des dépots et consignations où des particuliers et des officiers publics peuvent ou sont obligés de verser, de tous les points de la France, des sommes dont le chiffre total s'élevait, en 1848, à 187 millions, non compris l'argent des caisses d'épargne.

On a forcé tous les départements, toutes les communes, tous les établissements publics à confier au Trésor de l'Etat toutes les sommes qui leur appartiennent et dont il n'est pas fait un emploi immédiat.

Les économies du peuple de toute la France, qui forment des centaines de millions, ne font que passer dans les caisses d'épargne pour être centralisées dans le Trésor de l'Etat ou plutot dans la caisse des dépots et consignations chargée de les gérer.

Enfin on vient, depuis la dernière révolution, de confondre toutes les banques en une seule dont le siége est à Paris, et qui étend son privilége sur toute la France.

Paris est ainsi de plus en plus le souverain maitre du crédit et des capitaux.

Le Trésor de l'Etat reçoit chaque année 12 à 1,300 millions d'impots ; comment cet argent, levé sur toutes les parties de la France, est-il ensuite distribué?

Toute la France est appelée à payer une masse énorme de dépenses faites à Paris. En 1844, par exemple, et cette année n'a rien de particulier, 77 départements ont versé au Trésor de l'Etat 502 millions de plus qu'ils n'en ont reçus, 8 départements ont reçu du Trésor 52 millions de plus que leurs versements, et les payements du Trésor de l'Etat ont excédé dans le seul département de la Seine de 324 millions les recettes qu'il a faites dans ce département. En 1847, l'excédant des payements sur les recettes dans le département de la Seine a été de 395,713,043 fr.; en 1848, il s'est élevé à 475 millions. Il est vrai que dans cette somme se trouvent les payements d'une partie des rentes sur l'Etat et de dépenses opérées en province, mais ce fait ne prouve pas moins que tout se centralise de plus en plus à Paris, et que presque tout l'argent y vient.

En 1847, 1,321 millions de recettes ont été effectuées sur le territoire européen de la France, 552 millions ont servi à des payements dans le seul département de la Seine. En 1848, sur 1,329 millions de recettes, y compris l'impot des 45 centimes, 613 millions ont servi à des payements dans ce seul département !

Rome, pour alimenter son luxe, ses spectacles, pour nourrir, enrichir ses citoyens, construire ses monuments gigantesques, et satisfaire aux caprices et aux appétits du peuple roi, attirait dans son sein l'argent de l'univers, mais Rome avait fait la conquête de ses provinces appauvries.

Ce n'est pas seulement le Trésor de l'Etat qui pompe l'argent de toutes les parties de la France, pour le verser à flots dans la capitale et quelques lieux privilégiés. La centralisation force une multitude de personnes à venir de tous les points de la France à Paris pour plaider, solliciter une place ou de l'avancement, presser la décision d'une affaire administrative, d'une concession, et, par conséquent, à dépenser leur argent dans la capitale.

Par ses musées, ses bibliothèques, ses établissements d'instruction supérieure, ses écoles de beaux-arts, créés aux frais du Trésor, par ses grands théâtres, ses fêtes, ses Expositions payées par l'Etat, Paris attire les personnes les plus riches des départements, et elles y dépensent leurs revenus et souvent leur capital.

Le Gouvernement tend à concentrer à Paris, non-seulement les grandes écoles, mais les grandes industries dont il a le monopole, comme les tabacs (1), les monnaies, l'imprimerie nationale ; il attire ainsi un grand nombre d'ouvriers, et il fait chaque jour des pas nouveaux dans cette voie.

D'un autre coté, tant d'argent dépensé, soit par l'Etat, soit par les particuliers, attire à Paris une foule d'ouvriers ou de malheureux qui ne trouvent plus d'ouvrage et plus de pain dans leurs localités si pauvres. Le budget tel qu'il est dépensé est un excitant continuel au déclassement des hommes et des populations, et un accroissement continuel des dangers qui en sont la suite (2).

Les dépenses de ce budget immense et toujours croissant se font, pour la plus grande partie, dans la capitale d'abord, et ensuite dans les autres villes bien plus que dans les campagnes, de sorte que pour cette cause, réunie à l'agglomération de l'industrie, la population de presque toutes les villes principales s'est accrue beaucoup plus que celles des campagnes, malgré ces douanes intérieures qu'on avait décorées du nom libéral d'octrois de bienfaisance.

Paris étant le pays de tout le monde, le commerce tend à s'y centraliser comme la politique ; c'est là où l'on vient acheter de toutes les parties de la France. Paris est même devenu la ville de France la plus importante pour les manufactures et l'industrie.

Du reste, on a organisé les moyens de communication du territoire entier pour ce monopole de Paris : presque toutes les routes partent de Paris pour se rendre dans les différentes directions aux extrémités de l'Empire ; il semble que tous les départements n'aient de relations qu'avec Paris, et ne doivent pas en avoir entre eux ; de l'est a l'ouest de la France, il n'y a que deux routes directes ne passant pas par la capitale. Les grands chemins de fer terminés ou en cours d'exécution partent tous de Paris.

Tout afflue à Paris, tout languit en province, à l'exception de quelques villes entrepôts de la grande capitale...

De 547,000 habitants en 1806, Paris est arrivé en 1846 à une population de 1.053,000 ; les villages qui l'entouraient sont devenus des villes ; et la population entière du très petit département de la Seine, qui n'était que de 603,000 individus en 1806, s'est élevée en 1846 à 1,364,000 ; elle a plus que doublé, tandis que le reste de la France n'a augmenté que d'un sixième.

Et ce système, en définitive, aura-t-il pour résultat d'assurer le bonheur, la tranquillité, la stabilité de Paris ? Qu'on en juge par ce qui se passe aujourd'hui sous nos yeux. Paris est lui-même victime de sa grandeur élevée sans bases solides, aux dépens de la justice ; il a voulu à lui seul disposer de la fortune de l'Empire, et sa richesse est frappée à mort par ses prétoriens ; il avait altéré la source de la prospérité du pays entier, il a fini par tarir lui-même la source de sa propre prospérité.

Une nation ne peut faire de grands progrès en richesse et en population que lorsque les améliorations s'étendent sur un vaste territoire ; des progrès sur un point isolé, dans quelques villes, sont bien peu de chose dans un grand Etat ; des améliorations dans chacune des 37,000 communes de France qui augmenteraient le revenu de chaque hectare de quelques francs, donneraient un accroissement de richesses et d'aisance infiniment plus considérable que l'accroissement en serre chaude de quelques villes.

Un grand fleuve n'est formé que par des ruisseaux ; si Dieu faisait tomber tout l'eau qui les alimente sur la seule vallée où coule le fleuve, les ruisseaux seraient desséchés, les vallées secondaires stérilisées, et la vallée principale se couvrirait, par l'excès d'humidité, de plantes gigantesques, mais grossières et inutiles, et de reptiles immondes.

---

(1) Dans la manufacture des tabacs de Paris, la fabrication s'est accrue de 49 0/0 de 1837 à 1849. (Voy. Budget de 1850, I<sup>er</sup> vol., p. 160) ; il y a 160 ouvriers.

(2) Le mode de recrutement de l'armée, qui, chaque année, enlève tant de jeunes gens à leurs habitudes et à leurs professions, pour leur faire passer sept ans dans les villes de garnison, est aussi une grande cause de ce déclassement.

Mais il est un autre point de vue sous lequel il faut considérer l'effet de la centralisation sur la fortune publique.

La centralisation veut tout faire, prétend créer toutes les améliorations ; elle ne veut pas se borner à assurer la défense du territoire, le respect des puissances étrangères pour notre indépendance et nos droits, la tranquillité et le bon ordre intérieurs, le maintien des droits et la liberté de chacun ; elle veut donner elle-même l'instruction aux enfants et aux jeunes gens, enseigner l'agriculture aux agriculteurs ; faire elle-même tous les grands travaux publics, les exploiter et les entretenir ; elle veut percevoir elle-même toutes les recettes des communes et des départements comme celles de l'Etat ; elle veut faire elle-même tout le matériel nécessaire à l'armée et à la marine, accrues sans cesse dans l'espérance d'obtenir le dévouement par l'avancement et de jouer un rôle important et applaudi sur la scène du monde ; elle veut bien plus, elle prétend donner de l'ouvrage aux uns, des aumônes aux autres, soulager toutes les misères, et redresser les torts de la fortune, elle prétend jouer le rôle de la Providence ; le résultat de ce merveilleux système, c'est que les charges publiques vont sans cesse en augmentant.

De 1829 à 1847, les dépenses de l'instruction publique s'élèvent de 1,953,000 francs à 18 millions.

Le ministère de l'intérieur, de 60 millions s'élève à 133.

Le ministère de l'agriculture et du commerce, de 3 à 14 millions.

Le ministère des travaux publics, de 46 millions à 204.

Le ministère de la guerre, de 194 à 374 millions.

Le ministère de la marine, de 57 millions à 129.

Et les frais de régie, de perception et d'exploitation des impôts et revenus s'élèvent de 129 à 154 millions.

Les dépenses qui, en 1829, étaient de 1 milliard 21 millions, qui, en 1838, ne s'élevaient encore qu'à 1 milliard 86 millions, atteignent, en 1847, le chiffre de 1,620 millions, plus de 500 millions d'augmentation en dix ans ! A quel chiffre effrayant les dépenses atteindront-elles sous la République, si, en vertu des principes démocratiques, toutes les fonctions quelconques doivent être salariées, si l'assistance publique doit secourir toutes les misères, et si la démocratie qui vit ou voudrait vivre du budget est plus puissante que la démocratie qui le paye !

A la première grande crise on commence à comprendre avec surprise et terreur le résultat de ce merveilleux système ; on voit enfin les dépenses en disproportion avec les ressources du pays, la partie réellement productive de la nation s'épuisant à nourrir le nombre toujours croissant des salariés de toute espèce, de ceux qui vivent aux dépens du travail fructueux, la source du bien-être et de la richesse altérée, la misère accrue, la puissance extérieure de la France, sa force réelle et son influence morale se perdant par cette détresse financière, et une effroyable guerre civile, un bouleversement social pouvant être la suite d'impôts excessifs et de la banqueroute.

On se fait d'étranges illusions sur la richesse de la France et sur l'effet de l'impôt que l'on déclarait le meilleur des placements, et dont on voyait avec bonheur l'accroissement continu.

Les contributions de toute nature se sont élevées successivement jusqu'à 12 et 1,300 millions. Pour savoir si la France peut supporter ces charges, connaissons son revenu réel et net..............................................................................

§ 6. — La centralisation a engendré et propagé les idées communistes.

Dans tous les temps, des rêveurs se sont amusés à refaire sur le papier la société tout entière, mais presque toujours leurs rêveries inapplicables naissaient et mouraient dans la solitude et n'agitaient qu'un petit nombre d'esprits curieux. L'idée de supprimer toute propriété particulière, de mettre tout en commun, était passée dans la tête de plus d'un philosophe, de plus d'un rhéteur des siècles passés, mais, jamais une grande et puissante société n'avait pu craindre d'être bouleversée de fond en comble par de pareilles absurdités, contraires à la nature de l'homme et dont la conséquence serait la misère et la ruine de tous. Comment se fait-il que ces idées aient pris en France assez d'extension et de puissance pour faire craindre les plus grands malheurs?

Depuis cinquante ans les générations françaises sont imbues de cette idée que la centralisation est admirable, que particuliers, communes, départements ont un besoin indispensable de la tutelle de l'Etat; qu'ils sont incapables de faire rien de bien si l'Etat ne leur dirige la main, de se mouvoir et de marcher si l'Etat ne les tient sans cesse à la lisière.

Malgré cette tutelle continuelle, on voit cependant encore bien des malheureux, bien peu de bonheur pour les masses; alors socialistes et antisocialistes s'imaginent que l'Etat ne fait pas encore assez, ne dirige pas encore assez de choses : on le charge de plus en plus de faire la charité, de donner de l'ouvrage aux ouvriers, on augmente sans cesse les fonds communs à distribuer aux communes, aux établissements de bienfaisance, aux départements ; on veut qu'il apprenne leur métier aux agriculteurs, qu'il fasse la colonisation agricole, on s'accoutume de plus en plus à le regarder comme le dieu de la machine ; on finit par considérer la liberté de l'individu qui peut en faire un mauvais usage, la propriété particulière dont on peut user fort mal, comme un trouble au jeu des rouages et à cette uniformité que l'Etat seul peut prescrire et assurer. Pourquoi l'Etat qui choisit ses armées de fonctionnaires, et fait toutes les affaires administratives, qui est déjà fabricant et marchand de tabac, imprimeur, constructeur de vaisseaux, fabricant d'armes, de machines et de voitures, tailleur, bottier, sellier, meunier, boulanger pour l'armée et la marine, directeur des messageries sur les chemins de fer, entrepreneur de transports par mer, propriétaire exploitant de bains d'eaux thermales, professeur de belles-lettres, de beaux-arts, de chant et de danse, instituteur, banquier du peuple par les caisses d'épargne, banquier des départements, des communes et des établissements publics dont il reçoit et exploite les fonds, ne serait-il pas encore chargé d'établir une harmonie absolue, de faire marcher la société entière? Pourquoi ne serait-il pas le seul véritable propriétaire distribuant à chacun sa part de la fortune publique équitablement et selon ses besoins? il faut que tout soit mis en commun.

Dans un autre ordre de société, avec d'autres institutions, ces idées seraient mortes d'elles-mêmes, parce que leur application aurait rencontré des obstacles invincibles, parce qu'elles n'auraient trouvé nulle part les moyens de passer de la rêverie à l'exécution.

Mais avec les puissances de cette centralisation, il n'est pas d'idée extravagante qui ne puisse espérer d'être mise à exécution si des adeptes peuvent s'emparer, dans un jour de combat, de cette machine qui broie toutes les résistances.

Le communisme né de la centralisation, s'agrandit par l'espoir qu'elle lui a préparé les voies, façonné les hommes et qu'elle lui donnera la puissance de s'imposer à la France.

D'ailleurs cette centralisation, si elle continuait à grossir son budget et son armée d'agents, avec autant de rapidité qu'elle le fait depuis quinze ans, serait avant un siècle le communisme lui-même en action; les propriétaires ne seraient plus que les fermiers épuisés et misérables de leurs biens, et l'Etat tiendrait dans sa main l'existence et la conscience d'une population servile, d'incapables et d'affamés dont les aïeux formaient la glorieuse nation française.

## § 7. — La centralisation perpétue les révolutions.

Il semble qu'un pouvoir si concentré, qui tient en ses mains toutes les forces de l'Etat, dispose d'une multitude d'existences, domine tous les individus faibles et isolés et toutes les parties de la France sans force et sans vie propres, devrait ne jamais craindre d'être attaqué ni renversé, et cependant, depuis soixante ans, la France est continuellement en révolution ; d'où cela vient-il ?

Le Gouvernement, faisant énormément en France, a la responsabilité de tout, et il chancelle sous le poids de cette responsabilité.

Tous les intérêts froissés, tous les amours-propres blessés, si petits qu'ils soient, s'en prennent au Gouvernement ; pour la cause la plus minime qui, dans un ordre de choses régulier, ferait désirer seulement le changement ou la punition d'un fonctionnaire subalterne, on voudra renverser le Gouvernement.

La classe, le pays qui souffriront pour une cause souvent au-dessus du pouvoir de l'homme, accoutumés à penser que le gouvernement fait tout et peut tout, le rendront responsable de leurs pertes, de leurs misères, et voudront le changer.

Le Gouvernement dispose d'une multitude de places, mais le nombre des postulants étant encore bien plus grand, il est obligé de faire toujours plus de mécontents que de satisfaits : ceux qui restent en dehors sont toujours prêts à enfoncer les portes, et des subalternes, voulant devenir chefs, entr'ouvrent ces portes aux assiégeants.

Et au moment du danger, sur qui le Gouvernement peut-il compter ? On ne s'appuie que sur ce qui résiste, a dit avec raison un homme de grand esprit ; la servilité ne donne point de dévouement.

La vie n'existant qu'au centre et tout le reste étant instrument, les ennemis du Gouvernement ont toujours l'espoir de le renverser, parce qu'il leur suffit de saisir le machiniste et se mettre à sa place pour faire marcher la machine à leur profit.

C'est ce que le général Mallet avait admirablement compris ; ce prisonnier d'Etat s'échappe de sa prison et ose dire : *Je suis le Gouvernement, obéissez-moi* ; et il trouve des soldats et de hauts fonctionnaires qui obéissent, et il est sur le point de faire à lui seul une révolution. Il s'en prenait cependant au géant du monde, à Napoléon ; mais Napoléon était à Moscou et Mallet à Paris. Toute révolution faite à Paris est faite dans toute la France.

C'est un bien dans le mal, disent quelques personnes, il ne peut au moins y avoir de guerre civile qu'à Paris, jamais dans le reste de la France. Mais une des causes de la fréquence des révolutions, c'est précisément cette conviction générale qu'il suffit de renverser le Gouvernement à Paris pour qu'il le soit dans toute la France. Chaque parti espère profiter d'un moment favorable, avoir sa journée et s'emparer du pouvoir central par un coup du dé de la fortune.

Si on était convaincu qu'une révolution faite à Paris serait à refaire dans vingt départements, qu'il ne faudrait pas une journée pour réussir, mais des années, quelques milliers de conjurés, mais des armées, on ne chercherait pas si souvent à faire des révolutions.

La France, depuis soixante ans, subit les changements en tous sens que lui impose une seule ville, que dis-je ? une poignée d'hommes de cette seule ville ; on écrit de Paris à la plus glorieuse nation de l'Europe qu'il faut crier aujourd'hui *vive le Roi*, demain *vive la Ligue*, après-demain n'importe quoi, et elle crie ou laisse crier. Jamais on ne vit, chez une grande nation, pareille abnégation, absence aussi complète de volonté et de dignité ; les hommes sont descendus au niveau de l'ilote qui obéit au vainqueur quel qu'il soit.

La guerre civile est sans doute un affreux malheur, mais une nation peut sortir grande, forte, énergique, de la guerre civile ; la bassesse, la servitude, érigées en système, peuvent faire, au bout de quelques générations, d'une grande nation une multitude abâtardie prête à subir la conquête...........................................

### § 2. — Système de travaux publics.

La plupart des grands travaux publics sont ordonnés par l'Etat, exécutés par ses ingénieurs avec l'argent de l'impot.

L'ingénieur ordinaire fait un projet sur l'ordre de ses chefs, jamais ou presque jamais de son propre mouvement; ce projet doit être examiné et approuvé par l'ingénieur en chef, qui souvent le modifie ; ensuite, il doit être nécessairement soumis au conseil général des ponts et chaussées, qui l'accepte, le rejette ou le modifie définitivement.

Le projet revient ensuite à son auteur, qui doit l'exécuter, même lorsque ses plans ont été changés malgré lui, ou à son successeur, qui exécute un projet qui n'était pas le sien et qu'il aurait fait souvent tout autrement.

Non-seulement toute responsabilité est ainsi détruite, mais cette hiérarchie rigoureuse empêche la spontanéité, les inventions heureuses, les améliorations, tout devient routine.

L'ingénieur qui voudra innover, faire autrement et mieux que ses collègues, sera mal vu de ses chefs; ses succès seraient la critique de leurs actes. Il est dangereux d'avoir plus d'esprit, de capacité que ses supérieurs ; il est plus avantageux de se résigner à la médiocrité. qui n'offense personne et plaît à tout le monde, on est mieux avec ses collègues et ses chefs, on a la vie plus douce et on peut espérer un avancement plus rapide.

Quant au conseil des ponts et chaussées, il est composé de tous les inspecteurs divisionnaires, c'est-à-dire en grande majorité de vieillards, qui sont presque infailliblement, la nature le veut ainsi, les ennemis de tout ce qu'ils n'ont pas fait dans leur jeunesse ou leur âge mûr, de toutes les innovations. Ils décident ensuite toutes les questions sur pièces, sans avoir vu les lieux, c'est-à-dire à peu près en aveugles.

Le conseil supérieur, souverain juge de tous les projets de travaux des ponts et chaussées qui s'exécutent dans toute la France, est une entrave perpétuelle et un obstacle permanent à tous les progrès.

Il en est de même de la commission supérieure des bâtiments civils pour les grands travaux d'architecture.

Tous les travaux publics sont exécutés par des ingénieurs ou fonctionnaires qui sont ici aujourd'hui et demain à cent lieues de là peut-être ; que leur importe la prospérité du département où il ne feront que passer ?

Le Trésor de l'Etat payant ces travaux, nul n'a un intérêt personnel, sérieux, puissant à ce qu'on n'exécute jamais que les travaux réellement utiles, qui rapportent plus qu'ils ne coûtent, bien au contraire.

D'un autre coté, le Gouvernement est assailli de demandes, de réclamations; chaque localité veut, comme telle autre localité favorisée, obtenir aussi une route, un canal, un chemin de fer, et c'est de toute justice ; pourquoi les pays pauvres qui ont contribué par leurs impots à faire de grands travaux dans les pays riches n'auraient-ils pas aussi chez eux des travaux du même genre; qu'importe que ces travaux ne puissent jamais rapporter ce qu'ils coûteront ? Puiser dans le Trésor de l'Etat le plus que l'on peut, c'est du patriotisme et de l'habileté : chacun pousse ainsi aux dépenses exagérées, et souvent inutiles. Et le Gouvernement, profitant de cette manie qui augmente son influence, fait de grands projets qui prêtent aux grandes phrases, aux développements pompeux ; on élève ou on achève des monuments dignes des siècles de Léon X ou de Louis XIV, on réunit le Rhone au Rhin, le Nord et le Midi, l'Océan et la Méditerranée, etc.; il est vrai que les canaux, par exemple, qui doivent opérer ces merveilleux résultats, aboutissent à des rivières à sec; il est vrai qu'on prend aux communes, pour faire ces travaux gigantesques, l'argent qui leur aurait servi à rendre viables leurs chemins vicinaux, cent fois plus utiles; il est vrai qu'on appauvrit le pays au lieu de l'enrichir, mais qu'importe ? ces travaux sont la gloire de la France et de son administration.

Dans ce grand combat que chaque localité livre au Trésor public, les départements les plus riches, et, par conséquent, les plus influents, ceux que l'on tient à ménager et que l'on craint, obtiennent un plus grand nombre de travaux que les pays pauvres, et, par conséquent, sans influence et que l'on ne craint pas ; on enrichit les riches et l'on appauvrit les pauvres.

Autre considération :

Le Gouvernement doit, autant que possible, ménager les députés de chaque contrée de la France ; pour satisfaire un peu chacune d'elles, il commence beaucoup de travaux ; mais par insuffisance de fonds ainsi disséminés, il ne termine rien que très lentement, et, comme la plupart de ces travaux sont improductifs, tant qu'ils ne sont pas achevés, l'État dépense, en perte d'intérêts, le quart, le tiers, la moitié, et souvent plus, de la somme principale nécessaire pour les achever.

Presque tous ces travaux sont exécutés ensuite de la manière la plus dispendieuse. L'ingénieur de l'État, n'ayant aucun intérêt personnel à les faire avec économie, ne pense trop souvent qu'à sa gloire d'ingénieur, l'argent n'est rien pour lui : il oublie complétement que tout travail public doit accroître la richesse publique, et non la diminuer, et que dépenser un million, pris au public, pour accroître le revenu général de 5,000 fr. ou de zéro, est une folie criminelle ; il ne verra que la beauté du travail, l'honneur qu'il en retirera, la croix ou la place d'ingénieur en chef ; il devrait voir, avant tout, l'utilité du travail.

Le Gouvernement a compris qu'il ne pouvait, sans dilapider la fortune publique, faire exécuter ces travaux par régie, et qu'il fallait des entrepreneurs ; mais il s'est réservé le droit de faire juger toutes les contestations qu'il pourrait avoir avec les entrepreneurs par la justice administrative, c'est-à-dire, par ses agents révocables à sa volonté, et d'obliger ces entrepreneurs récalcitrants, fussent-ils domiciliés à deux cents lieues, à venir plaider en appel à Paris, devant le Conseil d'Etat ; de sorte que les ingénieurs, armés en outre de cahiers des charges très sévères, sont toujours sûrs de ruiner les entrepreneurs à volonté. Quel est l'homme bien solvable, placé dans une position un peu élevée, qui voudrait consentir à être entrepreneur des travaux publics ? Bien rarement un homme ainsi placé, qui par son crédit espérera échapper à la domination et aux vexations, consentira à entreprendre un vaste travail. Presque toujours les entrepreneurs seront des industriels ayant peu de chose à perdre, qui se rattraperont par la mauvaise confection des travaux et la complicité des agents subalternes, de marchés onéreux, et ce système a pour résultat des travaux souvent mal faits et fort dispendieux.

Mais l'Etat ne se borne pas à faire exécuter des travaux publics, il veut les entretenir et souvent les exploiter.

L'entretien, besogne fastidieuse, sans intérêt et sans gloire, qui exige partout une surveillance continuelle et impossible de l'ingénieur, coûte très cher, grâce aux entraves de la paperasserie, qui empêche les réparations de se faire à l'instant même, grâce au système de régie qui rend souvent les ouvriers payés à la journée de véritables fainéants d'ateliers nationaux ; et quoique l'entretien coûte très cher, il est fait souvent d'une manière incomplète.

L'Etat exploite lui-même le péage de ses canaux ; il voudrait commencer à exploiter les chemins de fer, et dans cette régie la routine domine, nulle amélioration, nul souci de se prêter aux besoins, aux habitudes du commerce, d'augmenter les recettes ; la régie est fort chère, fort insouciante, et la recette est nulle ou à peu près.........

....... En résumé, tous les travaux que l'État exécute sont entrepris presque tous sans raisons suffisantes, exécutés sans aucun esprit d'économie, entretenus très chèrement et exploités de la manière la plus déplorable. L'État pour toutes ces opérations se surveille lui-même, c'est assez dire que la surveillance est nulle ou à peu près, Mieux aurait valu laisser l'argent des ces travaux aux contribuables, ils en auraient fait un emploi bien plus utile.

D'un autre côté, les travaux publics qui sont faits par des associations particulières à leurs risques et périls, et par conséquent presque toujours avec des conditions probables de succès, avec économie, et qui seraient exploités avec activité et sagesse, rencontrent pour premier obstacle le puissant esprit de corps des ponts et chaussées, très désireux de conserver le monopole des travaux publics. Les projets des compagnies doivent être approuvés par le conseil supérieur de ce corps si jaloux ; on entrave leurs demandes, on leur impose des conditions onéreuses, on suspend sans cesse l'épée de Damoclès sur leur tête, de sorte que le corps des ponts et chaussées fait mal et empêche de bien faire.

Enfin, on ne veut faire aux compagnies que des concessions temporaires, les plus courtes possibles, et l'on ôte ainsi à l'industrie son ressort le plus puissant, au pays sa stabilité en multipliant les fortunes viagères, et l'on introduit ainsi dans les lois et dans les mœurs le principe de la spoliation et du communisme, en donnant à l'État le droit de s'emparer, à un moment donné, non-seulement d'une vaste industrie mais de propriétés foncières et mobilières achetées et créées par les compagnies avec l'argent des actionnaires.

Nos finances ont été profondément altérées par les dépenses des chemins de fer : et cependant ils sont beaucoup moins nombreux et moins avancés en France qu'aux États-Unis, en Angleterre et même en Allemagne.

Le système des travaux publics de la France, quoique les ingénieurs soient en général très instruits, très capables et très probes, cause une énorme déperdition de la fortune publique et oppose un obstacle perpétuel aux progrès, parce que c'est le système de la centralisation et du monopole.

Bien des personnes cependant, et dont la réputation de capacité est grande, s'imaginent que la raison politique doit empêcher le Gouvernement de renoncer à ce monopole. Les travaux de l'État ont, à leurs yeux, le grand avantage de donner de l'ouvrage aux ouvriers, de prévenir leur misère et d'augmenter leur bien-être.

N'est-ce pas une illusion funeste ? L'État ne pouvant faire travailler des ouvriers qu'avec l'argent de l'impôt ne peut donner de l'ouvrage sur un point, qu'en le paralysant sur d'autres. Si, par exemple, pour exécuter un grand travail, l'État lève un impôt de 300,000 fr. sur mon arrondissement, il ôte à chacun de mes compatriotes autant de moyens de travail ; ces 300,000 fr. laissés dans la localité, auraient même fait exécuter, grâce au désir de chacun de tirer un bénéfice de son argent, pour plus de 300,000 fr. de travaux réellement utiles, sans forcer les ouvriers à quitter leur familles et leur pays. Consacrés par l'État à une grande entreprise sur un point de la France, ces 300,000 fr., diminués par les frais de perception et de régie, payant des ouvriers agglomérés, produiront une somme de travail et de bien-être beaucoup moins grande.

Règle générale, l'État ne crée pas de l'ouvrage, il le déplace et souvent d'une manière très fâcheuse ; l'État ôte toujours plus d'ouvrage qu'il n'en donne.............

### § 2. — Gouvernement représentatif

Pendant longtemps on a regardé, et beaucoup de personnes regardent encore le Gouvernement représentatif comme le remède à tous les maux, comme la source de toutes les améliorations et de toutes les propriétés.

Cette foi dans ce système de Gouvernement est quelque peu ébranlée aujourd'hui. Pour être juste toutefois il faut examiner comment il était appliqué ; on ne doit pas voir seulement la forme mais le fond.

En France, jusqu'au 24 février 1848, le système représentatif, où le petit nombre était électeur, se combinait avec une centralisation extrême.

Voici le résultat : la plupart des électeurs donnaient leurs voix en échange de places ou d'autres avantages personnels, ou du moins en échange de l'espérance de les obtenir ; les députés étaient les humbles serviteurs de leurs électeurs influents, le Gouvernement l'esclave des députés qui pouvaient le renverser, et les députés étaient eux-mêmes les courtisans du Gouvernement qui pouvait refuser ou accorder des avantages, des faveurs pour eux ou pour leurs électeurs. Le nombre des places et charges publiques allait ainsi toujours croissant ; il fallait trouver dans le Trésor public le moyen de gagner les opposants, de récompenser le zèle et de satisfaire les affamés ; seulement on était sans cesse exposé au danger d'éveiller plus d'appétits qu'on ne pouvait en assouvir.

La centralisation et le monopole électoral avaient ainsi vicié le Gouvernement représentatif dans son essence ; ce n'était plus un Gouvernement de contrôle, mais de partage.

La Chambre des députés était composée en grande majorité de fort honnêtes gens sans doute, mais sans études politiques approfondies, sans expérience des grandes affaires, devenus, du jour au lendemain, des hommes d'Etat par la grâce de l'élection. Singulière contradiction ! Dans un pays où l'on exige pour tant de fonctions si minimes et des examens et un noviciat, on peut devenir législateur et délibérer de la fortune, de l'avenir du pays entier sans faire la moindre preuve ! On suppose apparemment que le député, comme le gentilhomme de Molière, sait tout sans avoir rien appris.

Presque tous ces députés commençaient leur carrière politique à un âge où le temps d'apprendre est passé, où les habitudes de l'esprit sont prises et ne changent plus. Leur vie s'était passée dans des occupations subalternes qui rétrécissaient leur esprit au lieu de l'étendre, comment seraient-ils devenus tout à coup de véritables hommes d'Etat ! Ils avaient toujours vu les objets par leurs détails, comme les myopes ; on avait beau les placer sur un point élevé, leurs regards ne pouvaient embrasser un vaste horizon ; ils regardaient sans voir.

Du milieu de ces hommes surgissaient un certain nombre d'orateurs qui prenaient l'ascendant par une parole facile ou éloquente, bien plus que par leur instruction solide et leur bon sens. Là où il aurait fallu des hommes d'Etat réglant avec calme et persévérance les grands intérêts de la France, on voyait trop souvent des artistes à l'imagination mobile, sollicitant des applaudissements, la vanité bavarde ou intrigante au lieu de l'amour vrai du bien public et de la rectitude d'un esprit constant et ferme.

Si les Gouvernements ont péri, ce n'est pas faute, toutefois, de beaux discours, de discours ministres qui ont illustré la tribune française.

La Chambre des pairs composée d'hommes arrivés au déclin de leur vie, presque tous fonctionnaires publics, parvenus aux plus hauts grades de leur carrière autant par un dévouement factice aux divers Gouvernements de la France que par leurs services, était un corps sans énergie, sans initiative, sans influence, ossifié pour ainsi dire. Sans doute il y avait dans son sein des hommes d'expérience, de connaissances positives, qui pouvaient donner de sages et utiles conseils, mais le corps était sans indépendance, sans vie ; la puissance quelle qu'elle fût, populaire ou monarchique, pouvait sans crainte le mettre au tombeau. Il ne devait pas même laisser de regrets, ni faire verser une larme.

La dégradation des âmes, l'accroissement incessant des impots et des dépenses improductives, l'affaiblissement de la France étaient la conséquence d'un pareil système, de pareilles institutions. On marchait à la décadence.

Nous verrons si le système républicain améliorera cette triste position ; mais l'on peut affirmer que, si la centralisation, comme l'indiquent, et la disposition des esprits rejetés par la terreur de l'anarchie vers le despotisme, et plusieurs décisions de l'Assemblée nationale, est non-seulement conservée mais agrandie, si l'Etat continue à absorber de plus en plus l'activité et le génie individuels, l'immense majorité des hommes un peu lettrés sera toujours et encore plus affamée de places, le gouvernement s'applaudira de trouver tant de millions à sa disposition, de faire taire les opposants par des faveurs à distribuer, des destitutions à infliger ; on fera exécuter encore plus de travaux par l'Etat, on donnera encore au Gouvernement plus d'influence sur les hommes et sur les choses, les impots seront encore plus considérables, la fortune publique plus compromise, les hommes plus serviles, plus médiocres, plus incapables de se conduire et d'agir par eux-mêmes, les révolutions plus fréquentes et plus stériles, en un mot la décadence matérielle et morale sera encore plus rapide, et nous donnerons au monde, sous le masque de la République, le spectacle de la dégradation du Bas-Empire............

## A 5

# F... COTTON SPINNING Co (Limited)

*Worked 58 1/2 Hours. — Week ending Thursday December 3ᵈ 1868*

### COTTON BOUGHT

| | | | |
|---|---|---|---|
| 25 Bales America | ℔ at 11¾ ᵈ | | |
| Bales | " | " | |
| Bales | " | " | |
| Bales | " | " | |

### YARN SPUN

| | | | Average counts | Hankes pʳ Spindle |
|---|---|---|---|---|
| Cop Twist | 22835 ½ | ℔ | 32 | 22.8 |
| Pin Cops | 7598 ¾ | " | 44 | 17.4 |
| Bundles | 3685 | " | 26/28 | 84 hard |
| Warps | 882 | " | 22 | — |
| Total | 35001 ¼ | | | |

### YARN SOLD

**By C... & S...**

| | | | | |
|---|---|---|---|---|
| Cop Twist | 15960 | ℔ at | 13 ¼ | 35 |
| Pin Cops | 1200 | " " | 13 ½ | 42 |
| Bundles | 4730 | " " | 17 ½ | 303 |
| Warps | — | " " | — | — |
| Total | 21890 | » | | |

**By S...**

| | | | | |
|---|---|---|---|---|
| Cop Twist | — | ℔ at | — | — |
| Pin Cops | 1620 | » " | 13 ¼ | 40 |
| Bundles | 600 | " " | 13 ¾ | 21 |
| Warps | — | " " | | |
| Total | 2220 | " | | |

### YARN DELIVERED

| | | |
|---|---|---|
| Cop Twist | 29354 | ℔ at |
| Pin Cops | 7343 | " " |
| Bundles | 3470 | " " |
| Warps | 1590 | • " |
| Cops for Banding | 528 ½ | » » |
| Total | 42287 | |

### WASTE SOLD

| | | | £ | s. | d. |
|---|---|---|---|---|---|
| Fly | 4618 at 6ᵈ | ℔ at | 115 | 9 | » |
| Strips | — | » | » | » | » |
| Roller laps | 2327 at 7 ½ ᵈ | » | 70 | 5 | 10 ¾ |
| Picking | — | » | • | » | » |
| Other Waste | — | » | 38 | 11 | 11 |
| Total amount | | £ | 224 | 6 | 9 ¾ |

### STOCK OF COTTON

| | | |
|---|---|---|
| Surate & America 45 balle mixed at | | 10.86 |
| Surat 65 balles (mill) at | | 9 ½ ᵈ |
| dᵒ 230 » dᵒ | | 8 ¾ & 8 ½ |
| Brazil 9 • dᵒ | | 10 ¼ ᵈ |

### STOCK OF YARN

| | | |
|---|---|---|
| Cop Twist | 17266 ¼ | ℔ at |
| Pin Cops | 8925 | » |
| Bundles | 3500 | » |
| Warps | 512 | » |
| Total | 30203 ½ | » |

### YARN TO DELIVER

| | | |
|---|---|---|
| 40530 | = | ℔ at |
| 9500 | = | » |
| 14190 | = | » |
| 800 | | » |
| 65020 | | » |

### WAGES & STORES

| | £ | s. | d. | |
|---|---|---|---|---|
| Wages paid | 205 | 8 | 10 | |
| Coals used 97 tons at 6/6 | 31 | 10 | 6 | |
| Cannel 3.3.17 at 23/ | 4 | 8 | 6 | |
| Gaz 39200 feet at | » | » | • | |
| Oldham dᵒ 8300 feet at 4/1 | 1 | 13 | 10 | ¾ |
| Oil 52 ½ gals at 4/9 | 12 | 9 | 4 | ½ |
| Oil 6 gals at 5/9 | 1 | 14 | 6 | |
| Tallow 109 ½ gals at 49 | 2 | 7 | 10 | ½ |
| Grease 12 ¾ gals at 10 ½ | » | 11 | 10 | ½ |
| *A reporter* | 54 | 16 | 6 | ¼ |

| | £ | s. | d. | |
|---|---|---|---|---|
| *Report* | 54 | 16 | 6 | ¼ |
| Strapping 59 ¾ at 2/2 | 6 | 9 | 5 | ½ |
| Coton bud 82 ¼ at 1/4 1/2 | 5 | 13 | 1 | |
| Roller skins 4 B at 26/— | 5 | 4 | 1 | |
| Cloth 3 Y ds at 5/6 | » | 16 | 6 | |
| Brooms at | » | » | » | |
| Bannisters 1 at 8ᵈ | » | » | 8 | |
| Twine 25 ¾ at 8ᵈ | » | 17 | 2 | |
| Paper 62 ½ at 3ᵈ | » | 15 | 7 | ½ |
| Sundries | 5 | 13 | 4 | ¼ |
| | 80 | 5 | 8 | ¾ |

### ESTIMATED PAYMENTS AND RECEIPT FOR ENSUING WEEK

| | £ | s. | d. |
|---|---|---|---|
| = 1.41ᵈ p. ℔ | | | |
| Due to Bank | 766 | 18 | 8 |
| Due to J. S. & Cᵒ | 19038 | 12 | 8 |
| Due for Cotton | 469 | 15 | 5 |
| Account to pay | | | |
| Wages | | | |

| | £ | s. | d. |
|---|---|---|---|
| Balance of Bank | » | » | » |
| Accounts due | 8083 | 2 | 6 |
| Accounts not due | | | |

**A 4**

Situation du Coton en France, au 31 Décembre.

| PROVENANCES | Arrivages 12 mois | | Débouchés 12 mois | | Stocks 31 déc. | |
|---|---|---|---|---|---|---|
| | 1861 | 1860 | 1861 | 1860 | 1861 | 1860 |
| Etats-Unis . . . . . . . . . .balles. | 523.482 | 609.578 | 492.193 | 549.805 | 128.626 | 97.337 |
| Brésil . . . . . . . . . . . . .   » | 1.504 | 2.034 | 1.602 | 2.690 | — | 98 |
| Egypte. . . . . . . . . . . . .   » | 47.769 | 35.303 | 48.900 | 34.368 | 1.044 | 2.175 |
| Autres sortes . . . . . . . .   » | 42.683 | 38.287 | 39.642 | 34.831 | 8.972 | 5.931 |
| TOTAUX . . . . . . . .   » | 615.438 | 685.202 | 582.337 | 621.694 | 138.642 | 105.541 |

Débouchés par semaine : 11.140 balles en 1861, contre 11.955 en 1860.

Situation du Coton en Angleterre, au 31 Décembre

| PROVENANCES | Arrivages 12 mois | | Débouchés 12 mois | | Stocks 31 décembre | |
|---|---|---|---|---|---|---|
| | 1861 | 1860 | 1861 | 1860 | 1861 | 1860 |
| Etats-Unis. . . . . | 1.841.643 | 2.580.980 | 1 953.493 | 2.492.040 | 283.300 | 395 150 |
| Brésil . . . . . . . . | 99.224 | 103.084 | 84.074 | 121.674 | 27.250 | 12.100 |
| Egypte . . . . . . . . | 97.759 | 110.009 | 114.499 | 99.329 | 9.590 | 26.330 |
| Indes-Orient . . . | 986.290 | 562.738 | 764 330 | 521.868 | 378.650 | 156.690 |
| Autres sortes . . . | 10.812 | 9.874 | 14.542 | 6.784 | 510 | 4.240 |
| TOTAUX . . | 3.035.728 | 3.366.685 | 2.930.938 | 3.241.695 | 699.300 | 594.510 |

Consommation par semaine, 43.341 balles en 1861, contre 50.640 en 1860.
Exportation 12 mois, 677.220 balles, dont 262,750 Etats-Unis (y compris les 23.000 balles Surate brûlées à Londres), contre 608.450, dont 250.450 Etats-Unis en 1860.

**A 5**

Voir à la Chambre de Commerce du Havre : **Marine Marchande**. Rapport de la Commission sur l'enquête ouverte par la Chambre de Commerce, 1869.

## A 6

Au moment où la question des intérêts économiques du pays est soumise au Corps Législatif, il est urgent que les Armateurs élèvent la voix pour signaler les souffrances de la marine française et pour demander qu'un remède prompt et efficace soit apporté à sa situation actuelle et vienne protéger son existence.

La marine marchande ne doit pas être la seule industrie française placée hors du droit commun et livrée sans défense à la concurrence étrangère.

Cette situation, c'est la loi de mai 1866 qui l'a créée.

Et si, comme nous l'affirmons et demandons à le prouver, cette loi regrettable, dont les tristes effets ne font que commencer à se faire sentir, a déjà porté le plus grand préjudice aux armements français, aux chantiers de construction et à toutes les industries qui dérivent des armements. il est nécessaire que cette loi soit modifiée en toute connaissance de la situation.

En conséquence, nous demandons qu'une enquête parlementaire soit ouverte pour nous permettre de mettre en évidence la détresse des armements maritimes et de toutes les industries qui s'y rattachent.

*HAVRE*, 18 décembre 1869.

| | |
|---|---|
| PEULVÉ PETITDIDIER & Cᵉ, Armateurs. | T. FERRÈRE & Cᵉ, Armateurs. |
| MASURIER le jeune et Fils, Armateurs. | A. POSTEL et ses Fils, Armateurs. |
| RAVOT & COUPERY, Armateurs. | BATALHA & LELIÈVRE, Armateurs. |
| Emile BOSSIÈRE, Armateur. | Léon LECOMTE & Cᵉ, Armateurs. |
| Victor GERMAIN, Armateur. | GERMAIN HERMANOS, Armateurs. |
| Ch. LANEL & Cᵉ, Armateurs. | H. DEGLAIRE, Armateur. |
| FERRIÈRE & Ch. GUILLOT, Armateurs. | JOUANNE, Armateur. |
| L. & Ch. LEROUX, Armateurs. | LOUÉDIN jeune & G. CAPRON, Armateurs. |
| G. ORIOT, Armateur. | D. AUGER, Armateur. |
| Henri AUGER aîné et Cᵉ, Armateurs. | Eugène MULOT, Armateur. |
| Daniel ANCEL & Fils, Armateurs. | F. PERQUER et ses Fils, Armateurs. |

*N.-B. — Les Armateurs susdits sont propriétaires de* **206 Navires français**, *formant ensemble* **97,169 tonneaux de jauge**, *employés à la grande navigation.*

## A 6

## MESSIEURS LES MINISTRES,
## MESSIEURS LES DÉPUTÉS,

Les soussignés, Négociants et Armateurs du Havre, n'ont pu voir sans émotion les décrets du 10 janvier 1870, par lesquels la position économique de certaines industries du pays a été brusquement modifiée ;

Convaincus que la stabilité de la législation commerciale est une base indispensable pour le développement des affaires ;

Considérant que les effets de la loi du 19 mai 1866 sur la Marine marchande, qui n'est en vigueur que depuis six mois, et contre laquelle des réclamations bruyantes se sont fait entendre, n'ont pu encore être suffisamment expérimentés ;

Considérant que le système économique, inauguré en 1860, a considérablement développé les affaires du pays ;

Demandent le maintien de la loi du 19 mai 1866, et le renouvellement des Traités de commerce, sauf les modifications de détail dont l'expérience a démontré l'utilité,

Et vous adjurent de ne consentir à aucune modification au régime actuel avant qu'une Enquête parlementaire ait éclairé le Gouvernement et les Chambres sur les véritables intérêts du pays.

*HAVRE*, le 14 Janvier 1870.

LANGER & Co.
LATHAM & Co.
E. LARUE & Co.
DE CONINCK frères & Co.
QUESNEL frères & Co.
SIEGFRIED frères & Co.
LOCKHART & Co.
H. DEGLAIRE.
LANGER (Alfred).
E. DUBOSC & Co.
N. RIHAL et ses Fils.
Ph. DEVOT & Co.
SENN HIMELY & Co.
GALLET LEFEBVRE & Co.
Th. GEISLER.
Médéric DESCHAMPS & Co.
Charles AUBRY.
A. & E. LEFEBVRE.
BATCHELOR & Co.
Ed. BOREL & Co.
W. ISELIN & Co.
BLECH LAEDREICH & Co.
SCHWARTZ & KERDYK.
CHEVALIER & PICARD.
DU PASQUIER & Co.
Ch. VERNISSE & Co.
E. DUCERT & Co.
EGLIN & MARING.
PERRET KRAUSS & Co.
CAMPART & BRUNET.

DUMÉNIL-LEBLÉ.
BOESWILLWALD & BISCHOFF.
A. ACHER & Co.
ISABELLE & MUNSTER.
FERRARO & Co.
F.-A. JUNG.
BAUDRY.
WANNER & Co.
KABLÉ & Co.
Paul RIGOT.
SCOL MASS.
KOLLBRUNER & Co
E. KARCHER.
NAPP & Co.
J.-A. LAUDE & Co.
L. PUSINELLI.
DESPLANQUES, BOSCOWITZ, PIETSCH & Co.
MOITESSIER & HAENTJENS.
F. DUMONT & Co.
HAASE & Co.
Gustave IMHAUS.
PLACE & Co.
POURTALES & STEINLIN.
Charles WACHTER & Co.
Ch. ULRICH, RANG & Co.
PASCH & DE LISER.
Ch. VIGNIER.
BRINDEAU & BLANCHARD.
Les Fils de C. FISCHER.

Ch. LALLOUETTE.
CLERC URBAIN & Co.
E. OZANNE & Co.
PERNELLE & DIGARD.
WESTPHALEN & Co.
WINSLOW & Co.
B. DUPAQUIER & L. CAMAU.
MULLER & HESSE.
Aug. CARON.
A. TOUSSIN fils aîné.
A. DAMAMME.
SCHLJENGER frères & Co.
SCRIBNER & ROWE.
STAPFER, G. SAUTTER & Co.
MONOD frères & Co.
LYNEN BODECKER & Co.
H. HAENTJENS & Co.
Albert KREGLINGER.
TYABJEE frères.
THEULÉ SANTAYANA & Co.
E. BURET & Co.
A. LEPLAY.
KOCH LIEB & Co.
E. LOTZ.
MEINEL frères & Co.
E. LIBERT.
A. LE FORESTIER & Fils.
BUSCH & Co.
Charles ROLLHAUS.
H. LERCH & J. SULZER.

## A 6

# CHAMBRE DE COMMERCE DU HAVRE

## EXTRAIT DU REGISTRE DES DÉLIBÉRATIONS

**Séance du 20 Janvier 1870**

PRÉSIDENCE DE M. Eugène LECOQ

**Présents**

MM. Emile MASQUELIER, *Vice-Président,*

L.-A. WOUTERS,

Henry DELAROCHE,

François AUBRY,

T. FERRÈRE,

J. PEULVÉ,

J. ROEDERER,

Charles TOUSSAINT,

J. SIEGFRIED,

R. QUESNEL,

F. MALLET,

J. LOCKHART

### La Chambre de Commerce du Havre

Considérant que toutes les branches du travail national, commerce, marine, industrie, sont reliées entre elles par une solidarité directe ou indirecte ; que la place du Havre, dont les importations sont, pour la majeure partie, destinées à fournir la matière première aux manufactures françaises, est une de celles où cette solidarité est le plus étroitement établie, et que, par conséquent, il y a pour elle très sérieux intérêt à ce qu'il soit remonté jusqu'aux véritables causes des souffrances de l'industrie, comme de celles de la marine, pour essayer d'y porter remède ;

Considérant que, dans l'opinion de la Chambre de Commerce du Havre, les principales causes de la crise industrielle ne découlent pas des traités de commerce ; mais qu'il y a lieu néanmoins de rectifier les erreurs de détail qui ont pu se glisser dans la rédaction des tarifs et de changer le mode de perception des droits qui auraient été reconnus défectueux ; que, pour l'examen de la question générale et des questions spéciales, une enquête parlementaire peut seule maintenant donner satisfaction à tous les intérêts engagés ;

Considérant que le Gouvernement, parlant au Sénat dans la séance du 13 janvier, a formulé dans les termes suivants les principes qu'il se propose d'appliquer : « Prendre » pour objectif la liberté commerciale, promise dans l'avenir, marcher vers ce but d'un » pas sage, prudent, modéré, *sans jamais s'arrêter*, en cherchant à développer peu à peu » cette liberté, de façon à ce qu'elle n'engendre ni troubles ni souffrances ; » qu'il a de plus affirmé que, dans sa conviction, il n'y a pas lieu de dénoncer, avant le 4 février, le traité de commerce avec l'Angleterre, et que, en appuyant sur la nécessité d'ouvrir le plus tot possible une enquête parlementaire, il a exprimé l'espoir que cette enquête démontrera une fois de plus « que pour le commerce et l'industrie, comme dans la » politique et dans les grandes affaires humaines, la liberté, la liberté sage, modérée, » progressive, est encore et par-dessus tout la meilleure et la plus sûre de toutes les » solutions » ; que la Chambre de Commerce du Havre donne la plus complète adhésion aux principes ainsi formulés ;

Considérant que pour arriver progressivement à la liberté commerciale, il faut, suivant les lois d'une logique inflexible, commencer par mettre les matières premières à la disposition de l'industrie dans les conditions les plus avantageuses possibles, par le développement de tous les moyens de transports terrestres ou maritimes ; que les surtaxes de pavillon, après avoir été nécessaires et légitimes sous un régime protecteur à tous les degrés, étaient par conséquent appelées à disparaître après l'avènement d'un régime plus libéral ;

Considérant que, pour notre marine commerciale, l'agrandissement des marchés français est l'élément de vie le plus essentiel ; que sur des marchés élargis à l'importation comme à l'exportation, le pavillon national finira toujours par garder ou reconquérir sa place ; qu'en présence de la multiplicité et de la rapidité sans cesse croissante des opérations, l'usage des navires étrangers devient de plus en plus nécessaire, et que le rétablissement des surtaxes de pavillon arrêterait l'extension de notre mouvement maritime, qui se traduit déjà si évidemment au Havre par l'insuffisance de notre port ; que c'est donc par d'autres moyens qu'il y a lieu de chercher à améliorer la position de notre marine marchande ;

Considérant que, sur tous les points d'ensemble ou de détail, l'enquête parlementaire fournira à toutes les opinions le moyen de se produire utilement, et qu'il n'y a, par conséquent, urgence à se prononcer que sur les questions de principe,

La Chambre de Commerce du Havre, après délibération, émet l'avis :

1° Que l'enquête parlementaire soit ouverte dans le plus bref délai et précède tout changement des tarifs et lois de douane actuellement en vigueur ;

2° Qu'il n'y a pas lieu de dénoncer le traité de commerce, sauf à rectifier après enquête les erreurs ou injustices constatées ;

3° Qu'il n'y a pas lieu de rétablir les surtaxes de pavillon abolies par la loi du 19 mai 1866 ; mais que, par contre, il y a lieu de supprimer dans le plus bref délai les charges ou entraves qui sont encore pour notre marine marchande des causes d'infériorité vis-à-vis des marines étrangères ;

4° Que les motifs qui ont déterminé le maintien de certaines surtaxes d'entrepôt subsistent encore.

Sur les deux premières propositions, ont voté contre : MM. FERRÈRE, PEULVÉ, WOUTERS.

Sur la troisième proposition, ont voté contre : MM. FERRÈRE, PEULVÉ, WOUTERS, MALLET.

Sur la quatrième proposition, se sont abstenus · MM. FERRÈRE, PEULVÉ, WOUTERS.

## BB

10 Décembre 1869.

Monsieur le Commissaire de l'Inscription Maritime,

Vous me réclamez, Monsieur, les sommes suivantes :

Navire **X**...

F. 1.391 27    Décompte de Dubée, maître d'hôtel, *non inscrit*, embarqué à Newcastle (Australie) et laissé malade à Melbourne (Australie),

Navire **Y**...

»   1.561 70    Décompte de Roussel, second, laissé malade à Hong-Kong, le 3 Février 1869,

»     328 40    Décompte de Millet, novice, laissé malade à Hong-Kong, le 3 Février 1859.

F. 3.281 37

En ce qui concerne Dubée, du Navire X..., le capitaine Lecoulin a laissé entre les mains du consul, £ 30, pour couvrir les frais ; mais le 7 Mai écoulé, vous m'avez remis un bon sur le Trésor de F. 749 35, c'est-à-dire, le montant des £ 30, ce qui me prouve que la maladie de Dubée n'a pas été de longue durée (si toutefois il y avait maladie)... Il me paraît même évident que cet homme, *non inscrit* s'est fait débarquer en Australie sous prétexte de maladie afin de s'occuper par ailleurs.

En faisant la remise ci-dessus, le consul de Melbourne a dû en donner les motifs ?

En ce qui concerne les hommes du Navire Y..., le capitaine a déposé chez M. Landstein et Cᵒ, de Hong-Kong, la somme de $ 1.000 pour garantir les frais ; or, en Mars dernier, cette Maison m'avisait le décompte de ces $ 1.000, mais sans me le remettre. Je l'ai réclamé depuis, et je l'attends. Ceci me confirme que le second Roussel est, comme me l'a dit le capitaine Bloicet, bien embarqué peu de temps après son débarquement sur la *Nelly*, de Dieppe, attendue prochainement au Havre.

Quand au novice Millet, le capitaine Courbe, du *Mongol*, attendu de New-Orleans au Havre, m'écrit de Hong-Kong, en date du 2 Mai, qu'il a à son bord le nommé Millet.

C'est pourquoi, Monsieur le Commissaire, je viens vous prier d'attendre encore qu'il soit bien établi que lesdites sommes sont dues aux hommes pour lesquels vous réclamez.

J'écris aux consuls de vouloir bien me dire ce que sont devenus lesdits, qui sont tombés à leur charge au débarquement. Et à ce sujet, permettez-moi de m'étonner qu'ils n'en aient pas encore rendu compte à l'administration.

Je n'en prends pas moins l'engagement de faire les versements aussitôt qu'ils seront dûment justifiés.

Recevez, Monsieur le Commissaire, mes sincères salutations.

*Signé* A...

## BB

# RAPATRIEMENT ET CONDUITES PAYÉS EN 1869

### PAR M. A...

Navire X..., désarmé à Amsterdam, le 5 Février 1869.
          Conduite de Roterdam au Havre.. Fl. 309 68
          Rapatriement du Capitaine...... » 146 45

                    à F. 2 10........... Fl. 456 13  F. 957 85
          Voyage du capitaine du Havre à Amsterdam.. »  707 —  F. 1.664 85


Navire Y..., désarmé à Liverpool, le 8 Septembre 1869.
          Rapatriement de 10 hommes au Havre...... F. 250 —
          Passage de 10 hommes à Liverpool.......... »  220 —  »   470 —


Navire Z..., désarmé à Hambourg, le 30 Octobre 1869.
          Rapatriement de l'équipage..... R° 266. 2
          »  du second (à Marseille).  »  105.12

                    à F. 186.......... B° 372. 1  F. 692 05
          Conduite de l'équipage................. .... »  502 85
          Passage à Hambourg du nouvel équipage.. »  710 —  »  1.904 90

                                                          F. 4.039 75

Voir encore le remarquabe rapport de la Chambre Syndicale de la Société pour le développement et la défense du Commerce et de l'Industrie de Marseille.

Marseille 1870

Typographie Jules Baril.

## CC 1

# Frais de navigation d'un navire anglais jaugeant 1,000 Tx.

*Renseignements fournis à M. A... par M. B..., de Londres, par lettre du 12 Novembre 1863, dont copie ci-après :*

Dear A...,

I have duly to day been able to procure the information you asked for.

I now enclose note of first cost and sailing expenses for an East India voyage of a ship of 1,000 tons register of the highest class built in this country, being 15 years A 1 at Lloyds. You could have a thirteen years ship built for about £ 1 per ton less, the difference being that the higher classed ship will be built under cover and will be copper fastened through out. The ship is supposed to be of the same register tonnage as builders measurement, or what is called half clipper. A very sharp ship would cost the same price builders measurement, but the register tonnage would be smaller. A round ship, on the contrary, would measure more than the builders tonnage.

In answer to your other question, the outward freight to La Plata and Brazil, per sailing vessel, are 30 to 40/, the former rate for coarse and the latter for fine goods. Per steamer, the rates are 50 to 70/. There are no regular lines of ships, but there is a regular line of steamers.

The outward freight to India vary from 25 to 30/.

I shall be glad to get you any other information you may require, and remain etc.

Signé : B...

**Memorandum** of first cost and charges on 1.000 tons Ship. Builders measurement register wood and iron combined ; 15 years class.

| | | |
|---|---|---|
| 1.000 tons at £ 21 | £ | 21.000 |
| Commission on purchase superintending. Building, 2 1/2 0/0 | » | 525 |
| Int. on instalments | » | 400 |
| Del cred. against advances, 1 0/0 | » | 210 |
| | £ | 22.135 |

| | | |
|---|---|---|
| Insurance in hull to Bombay out & home | | 75/ 0/0 £ |
| »          Calcutta          » | | 84/   » |
| Victualling, 30 men per month | £ | 60 |
| Wages          »          » | » | 110 |
| Charges in Bombay ; commission | » | 250 |
| »   in Calcutta ;          » | » | 350 |
| Brokers charges in England, out and in, Dock dues, lights and Pilotages, towages and commission | » | 400 |
| Labour, Ship chandlery and Sundries, out and in, for first voyage | » | 450 |
| Wear and Tear, and depreciation | | 1 0/0 |

**CC 2**

London E. C., 23th march 1864.

Dear Sir,

In reply to your letter of the 9th last, and its enclosures, I send you a statement of three several ship's accounts of disbursements, on voyage to India, with a subjoined memo of the :

> Builders tonnage,
> Register dito,
> Dimensions per register,
> Tonnage of cargo discharged.

The rates of outward freights, you are aware, vary from year to year ; but I think that the following quotations will be found tolerably correct for the last 2 and 3 years .

| | | | |
|---|---|---|---|
| Calcutta | 35/ | to 40/ | per reg. ton. |
| Bombay | 37/6 | » 42/6 | » |
| China | 50/ | » 55/ | » |
| Mauritius | 30/ | » 35/ | » |
| Valparaiso or Callao | 40/ | » 45/ | » |
| San-Francisco | 75/ | » 80/ | » |
| Vaucouver's island | 85/ | » 90/ | » |
| Australia and New-Zealand | 65/ | » 75/ | » |

Generally ships contracted for, are paid on what is called Builders measurement. The builders tonnage is essentially different from the registered tonnage, as the depth is not taken into account, and poops, top-gallant, forecastles and houses are not measured in. It is found by the following rule, viz. : From the length between perpendiculars deduct three fifths of the breadth ; then multiply the remainder by the breadth, and by the half breadth, and divide by 94. The quotient will be the Builders measurement.

Registered tonnage is obtained by a different rule ; and as directed by 17 and 18 vict., see 20 and 21, what is commonly called the Merchant Shipping Act. A copy of these sections is enclosed. Forecastles below the tonnage deck are included in the registered tonnage. Poops and houses not occupied by the crew (sailors) are measured. Topgallant, forecastles and houses occupied by the crew (sailors) are excluded.

The quotations given below are the prices of the day for iron and wood ships of 1,000 tons A. 1, 12 years, with an East India out-fit. (But prices fluctuate according to the labour market, the price of materials and the demand for loading vessels.) Within the last 12 months they have gone up from 40/ to 50/ per ton.

|  | Iron. | | Wood. |
|---|---|---|---|
| *Thames* ............... | £ 21 | to £ 22 | Nominal. |
| *Mersey* .............. | 20 10/ » | 21 10/ | £ 20 |
| *Clyde* ............... | 20 » | 21 | 20 |
| *East-Coast* .......... | 18 10/ | | 18 10/ |
| *Aberdeen* ............ | | | 19 |
| *Whitehaven* .......... | | | £ 20 to 21 |

These quotations are for ships of fair proportions.

Wood ships built in Whitehaven and the Cumberland ports, and Aberdeen, are held before all others in the public estimation. At one time, ships built on the rivers Thames and Mersey were preferred ; but now building of wood ships there is nominal, iron ships built on the Thames, Mersey and Clyde are considered the best property, and although their price is from £ 2 to £ 3 per ton more than those built at the out-ports of same class, builders can always obtain their prices, as when finished they are in a loading port, and are more favorably looked upon by shippers and by underwriters.

I am, dear Sir,

Your faithfully

CC 3

# Ship A. 1161 tons register

## Voy Liverpool, Bombay and Liverpool.

## DISBURSEMENTS OUTWARDS IN LIVERPOOL

| | | £ s d |
|---|---|---|
| To wages and labour............................... | £ | 42 12 10 |
| To rigger and stevedore ......................... | » | 102 3 » |
| To Blacksmith.................................... | » | 32 17 » |
| To paints........................................ | » | 56 17 » |
| To chandlery.................................... | » | 215 4 6 |
| To dock rent and dues........................... | » | 21 13 4 |
| To provisions ................................... | » | 535 11 3 |
| To advertising and sundries...................... | » | 45 17 8 |
| To port dues.................................... | » | 19 19 6 |
| To pilotages.................................... | » | 5 6 » |
| To towages...................................... | » | 40 15 » |
| To commission on charter £ 3242 à 5 0/0 ......... | » | 162 2 » |
| To address comm<sup>on</sup>............. à 2 0/0 ......... | » | 64 16 10 |

£ 1346 » 11

| | | |
|---|---|---|
| To Disbursements at Bombay .....................Rs | 5205 » 8 | |
| To commission................................... » | 921 2 80 | |
| Esc : 2/1.......... » | 6126 2 88 | » 638 4 » |

To Disbursements at St-Helena....................... » 32 12 11

## DISBURSEMENTS INWARDS IN LIVERPOOL

| | | |
|---|---|---|
| To port dues....................................... £ | 23 9 2 | |
| To dock dues...................................... » | 154 8 9 | |
| To pilotage and boat assistance.................... » | 13 5 8 | |
| To towages....................................... » | 4 » » | |
| To wages and labour.............................. » | 25 8 4 | |
| To sundries...................................... » | 14 6 8 | 234 18 7 |

| | | |
|---|---|---|
| To crews wages during voyage.................... | 1230 1 1 | |
| To gratuity to captain............................ | 50 » » | |
| To insurance on hull, Liverpool to Bombay, U. K..............£ 10000 à 120 sh. 0/0 | 625 » » | |
| To d° on freight.........» 3242 à 70 sh. 0/0 | 122 8 5 | |
| To d° on hull Bombay to Liverpool 500 à 45 sh. | 12 5 » | |
| To d° on freight................1681 à 40 sh. | 35 14 11 | 795 8 4 |

To  commission  on  inward  freight  to  Liverpool
£ 1675.11.2 à 2 1/2 0/0.................................    41  17  9
To commission on disbursements in U. K. à 2 1/2 0/0
interest, &c......................................    150  »  ,
Builders measurement.............................    1385 tons.
Registered tonnage.....  ...  ......................
      Under tonnage deck.....  .................    1060 tons.
      Poop...................................    100    1160 tons.

Length per register ..........  ...  193  F.  2
Breadth....................  ...  38    8
Depth .....................  ...  28    8
Has a poop and topgallant forecastle and two decks

BOMBAY CARGO DELIVERED

Cotton and Wood............................    1292 tons.
Salpetre ..........  .....................    100  »
Seeds......................................    389  »
Sapan wood.................................    66  »

                                                                1847 tons.

**CC 4**

# Ship B, 954 tons register

## Voy London, Calcutta and London, 8 Months.

### DISBURSEMENTS OUTWARDS IN LONDON

| | | £ | | |
|---|---|---|---|---|
| To wages and labour | | £ 106 | 4 | 4 |
| To rigger and stevedore | | 125 | » | 6 |
| To Blacksmith | | 9 | 11 | 8 |
| To paints | | 50 | » | » |
| To chandlery | | 54 | 12 | » |
| To Ballast | | 21 | » | 5 |
| To dock rent and dues | | 17 | 11 | » |
| To provisions | | 504 18<br>12 | | » |
| To advertising and sundries | | 8 | 10 | 6 |
| To port dues | | 21 | 12 | 3 |
| To pilotages | | 46 | 14 | » |
| To towages | | 64 | » | » |
| To brokerage on outward freight £ 3500 à 5 0/0 | | 175 | » | » |

£ 1216 14 8

| | | | | | | £ | | |
|---|---|---|---|---|---|---|---|---|
| To insurance on hull London to Calcutta £ 20000 à 40 sh. st. | 425 | » | » | | | | | |
| dito on freight | 17 | 10 | 6 | | | 442 | 10 | 6 |

| | | Rs | | | | £ | | |
|---|---|---|---|---|---|---|---|---|
| To disbursements at Calcutta | Rs | 6398 | 12 | 6 | | | | |
| To commission on dito 2 1/2 0/0 | | 135 | 13 | 8 | | | | |
| dito on outward freight | | 192 | 3 | 6 | | | | |
| dito homeward » | | 1039 | 13 | 9 | | | | |
| To postages | | | 8 | 9 | | | | |
| Esc : 2/1 | Rs | 7767 | 4 | 2 | | 809 | 1 | 9 |

### DISBURSEMENTS INWARDS IN LONDON

| | | | | £ | | |
|---|---|---|---|---|---|---|
| To port dues | 25 | 9 | 6 | | | |
| To dock dues | 80 | 7 | 7 | | | |
| To pilotages | 23 | 16 | 11 | | | |
| To towages | 40 | » | » | | | |
| To wages | 24 | 12 | » | | | |
| To sundries | 47 | 15 | 3 | | 242 | 1 | 3 |
| To crew's wages during voyage | | | | | 941 | 12 | 8 |

To marine insurance on hull Calcutta to London
£ 20000 at 40 sh. st .......... 425 » »
    d°          on freight, £ 2070 at 40 sh. st   44 » 6     469 6 ›

Commission on homeward freight 2 1/2 0/0 ..........     50 19 6
    dito    on disburs^ts in U K. 2 1/2 ............
Interests, postages and petties ......................     150 » »
Builders tonnage ...................................     1008 tons.
Registered tonnage
    under tonnage deck .....................   924 tons.
    Break and house aft .....................   29     953 tons.

DIMENSIONS PER REGISTER.

Length ......................... 196 F. 2
Breadth ........................ 32   8
Depth .......................... 20   75
        Two decks.

CARGO DISCHARGED FROM CALCUTTA.

Sugar ......................... 148 Tons.
Seeds ......................... 744 »
Jute, &c ...................... 325 ›
Measurement .................. 48 »
Silk .......................... 10 »

                    1275 Tons.

has topgallant forecastle and a small house for crew
and galley forward.

CC 5

# Ship C 592 tons register.

Voy. Liverpool, Bombay and London, 10 Months 23 days

## DISBURSEMENTS OUTWARDS IN LIVERPOOL.

| | | £ s. d. | | |
|---|---|---|---|---|
| To wages and labour | | £ | 05 | 10 | » |
| To rigger and stevedore | | » | 56 | 3 | » |
| To blacksmith | | » | 18 | 7 | 2 |
| To paints | | » | 44 | 13 | » |
| To chandlery | | » | 120 | » | » |
| To dock rent and dues | | » | 46 | 5 | » |
| To provisions | | » | 339 | 8 | » |
| To advertising and sundries | | » | 26 | 4 | 7 |
| To port dues | | » | 10 | 13 | 6 |
| To pilotages | | » | 3 | 12 | 9 |
| To towages | | » | 25 | » | » |
| To commission on charter £ 1802.8.5 at 5 0/0 | | » | 90 | 2 | 5 |
| | | £ | 845 | 19 | 5 |

Insurance on hull Liverpool to Bombay £ 5000 at
40 sh. 0/0 st. ............................. 106 5 »
Bombay on freight 395 at 35 sh. 0/0 st. .......... 7 8 3     113 13 »

To disbursements in Bombay ..................Rs 2712 » 85
To commissions ............................... » 1216 1 85

Esc : 2/. 1/2 .........Rs 3928 2 70     401 1 »

## DISBURSEMENTS INWARDS IN LONDON.

To port dues ........................... 18 8 3
To dock dues ........................... 71 » 7
To pilotages and boat assistance ............ 21 12 9
To towages ............................. 43 » »
To wages ............................... 20 6 2
To sundries ............................ 23 1 1     197 8 10

To crew's wages during voyage 10 months 23 days...     723 5 1
To captain's allowance for table..................     64 12 »
To insurance on hull Bombay to London £ 5000 at 45 sh. 0/0   122 10 »
      dito      on freight £ 2500 at 40 sh. 0/0   53 2 6     175 12 6

To commission on homeward freight £ 2305.17.4 à
2 1/2 0/0.........  .................      £    57 13   »
    »        on disbursements in U K à 2 1/2 0/0
interest, etc........................................
Builders measurement  ...........................   »   120   »   »
Registered tonnage ..................................       657 tons.
        Under deck..........  ..  ...........   557 tons.
        break, and house....... .............    35   »       592   »

### DIMENSIONS PER REGISTER.

Length.........................F.   140
Breadth......... ...............     31.6
Depth..............................   19.6
    Two decks topgallant forecastle.

### CARGO DISCHARGED FROM BOMBAY.

Oils............................   90 tons.
Seeds...........................  422   »
Ivory...........................   11   »
Measurement.....................  173   »
Coffee..........................   70   »
Nuts............................   28   »
Horns.. ........................   35   »
                                  829 tons.

**CC 6**

Havre, 7 mai 1866.

**Mon cher ami,**

Je viens de nouveau abuser de votre temps, en vous demandant de nouveaux renseignements sur les constructions de navires en Angleterre, car je poursuis toujours mes études sur la comparaison des prix de revient entre constructions anglaises et françaises. J'espère que vous m'excuserez, et je compte pour cela sur votre indulgence habituelle.

Pouvez-vous me donner les dimensions exactes des trois navires dont vous m'avez envoyé les comptes, c'est-à-dire :

Longueur de la râblure de l'étrave à la tête de l'étambot,

Longueur sur carlingue,

Creux au maître couple,

Plus grand creux (probablement foremast),

Plus grande largeur de dedans en dedans,

Relevé de varangue au 1/4 du maître couple.

Pouvez-vous me dire aussi le nombre d'hommes avec lesquels naviguent ces trois navires, en deçà des caps et au delà ; et s'il est dans les habitudes des armateurs anglais de payer les équipages avant le départ, pendant le voyage, ou seulement au retour ; et aussi quel est le sort des équipages quand le navire se perd un jour avant d'entrer au port. Que deviennent leurs gages dans ce cas ?

Un navire licencie-t-il son équipage en arrivant au port étranger ; s'il le licencie, y trouve-t-il avantage, et comment compose-t-il l'équipage au retour ?

Les gages payés pour le retour sont-ils plus élevés que pour l'aller, et le navire est-il toujours sûr de trouver le personnel qu'il lui faut ?

Je vois dans les comptes figurer des assurances sur la coque de Londres au port étranger, et du port étranger en Angleterre. Est-ce que le navire n'est pas assuré pendant le temps de chargement et déchargement ?

Voulez-vous avoir l'obligeance de me donner approximativement les dimensions en longueur et hauteur des poop, topgallant, house, forecastle, et leurs usages ? Ceci très grosso-modo et approximativement. Veuillez me dire aussi si le plancher de ces poops et houses pénètre dans le pont du navire, ou si le pont n'est pas coupé ; et si toute la hauteur est prise en dessus du pont

<table>
<tr><td>Poop</td><td></td><td>Poop<br>Pont coupé</td><td>Pont du Navire</td></tr>
<tr><td></td><td>Pont du Navire</td><td></td><td></td></tr>
</table>

D'où vient la grande différence entre le Builder's tonnage et le Register pour le navire A.

Le capitaine d'un navire anglais a-t-il des gages fixes par mois en plus de son primage, ou est-il habituellement intéressé dans les résultats bons ou mauvais de son navire ?

**CC 7**

London, 16<sup>th</sup> May 1864.

My dear Sir,

I send translation of yours of 7<sup>th</sup> current to my friends MM. .........., and enclose the reply of their ships husband; the only thing in which, requiring explanation, is the expression « freight the mother of wages. » This means that under all circumstances, bankruptcy or others, the freight carried by a ship, goes in the first place for the payement of wages.

Crews are engaged here by the month, and a captain may discharge his crew abroad, or the crew may, if they like, leave the ship. In either case, the captain makes up his crew as best as he can for the return voyage, and if he cannot find Europeans, he takes Lascars or Mallays. The wages for return are the same as for going if the crew remain, if they do not, it is a question of arrangement, and depends, like every thing else, in supply and demand.

Insurance, when effected from one port to another, only covers the risk for 24 hours after arrival. When in port, ships are covered by Fire Insurance. If insured by the year, the marine policy covers the risk everywhere; if by the voyage, it covers it in the foreign port only,

English captains have no primage, they get monthly or annual wages varying from £ 200 to £ 500 per annum. The are just often interested in their ships as not.

## CC 8

London E. C., 16th May 1864.

Dear Sir,

In reply to the enquiries contained in your memorandum, I beg to inform you that the dimensions of the ship measuring 593 ton per register, are as follows :

Length from stem to stern-post............ . 140 F.
Extreme breadth outside................ ... 31    6/10
Depth amid ship's............ ................ 19    6/10
Crew including captain...................... 21

The house in deck is occupied by captain and officers. The break is filled with stores. The main deck forms the floor of the poop and break, and is of the following form :

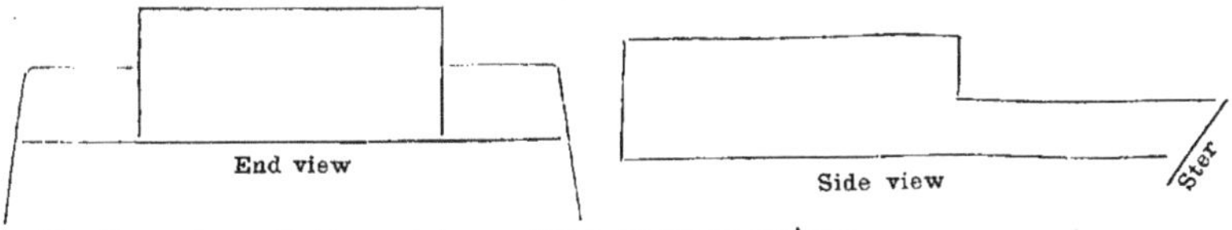

End view

Side view

Ster

The dimensions of ship registering 954 tons are as under :

Length from stem to stern-post............. 196 F. 2 1/10
Extreme breadth........................ 32    8/10
Depth amid-ship's........................ 20    75/100
Crew.................. ................... 30 in all.

The break and house are formed as per sketch here under ·

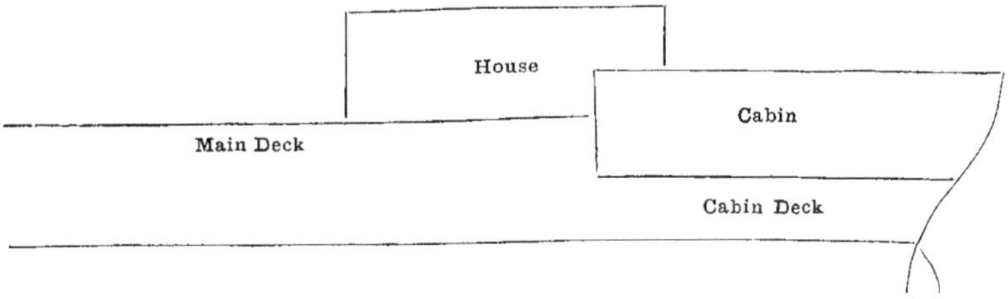

House

Cabin

Main Deck

Cabin Deck

The dimensions of the ship registering 1,160 tons are :

Length, stem to stern-post................... 193 F. 3/10
Breadth extreme....... .................... 38    8/10
Depth amid ship's........... ............... 22    8/10

Crew, 36 in all.

The poop of the vessel is on the main deck and is occupied, part by captain and crew, and part by store room.

The other points of information asked, I am unable to give.

The crew usually get one month's wages advanced to them at the time of joining the ship, one month's pay in each foreign port, and the balance on completion of the voyage Strictly speaking, they are not entitled to ask any advance whatever. Crews wages are due up to the time of abandoning the wreck. The old law « freight the mother of wages » is repeated by statute.

## CC 8

« 18 Juin 1868.

» Mon cher ami,

» En parcourant de nouveau, à l'occasion de notre Exposition maritime, les données
» que vous m'avez envoyées en 1865 sur les prix de constructions navales en Angleterre,
» je suis embarrassé par les points suivants :
» Dans la Note n° 1, il est dit que le coût de construction d'un navire en Angleterre
» est de £ 20 à 22 par tonneau, même £ 18 à la cote Est.
» Dans la Note n° 7, le navire de 593 tonneaux est dit avoir coûté £ 7,310 et le
» navire de 1,160 tonneaux £ 15,000.
» » Ceci ne faisant pas £ 20 du tonneau, je vous prie de me savoir de M.*** ce qu'il a
» entendu par « 1st cost ».
» J'entends par 1st cost, le prix à quai prêt à charger, c'est-à-dire avant vivres,
» assurances, avances à l'équipage et commissions sur coût et fret de sortie. Je
» comprends, par exemple. les commissions sur coût de construction, gréement,
» mâture, etc., etc. »

Réponse à cette Lettre :

« 23th July 1868.

» I quite forget, when I saw you in Havre, to give you the result of my enquirie
» regarding the cost of the *** and the other ship mentioned. I find that they were bott
» colonial built ships, built of pine and classed A 1 for seven years. They were the same
» kind of ships as *Malabar* and *Talisman*, which cost about £ 11 per ton with an Eeash
» India out-fit. The cost, as they arrive from the colonies, being about £ 7 per ton
» English built ships classed A 1 for 13 years, cost about £ 21 per ton and require about
» £ 2 per ton more to send them to sea with a complete East India out-fit. »

# TABLEAU COMPARATIF EN **1864** DES DROITS ET FRAIS DE NAVIGATION AU HAVRE POUR DES NAVIRES JAUGEANT 1,000 TONNEAUX.

| NOMENCLATURE DES FRAIS ET DROITS | NAVIRES FRANÇAIS 1,000 Tonneaux, jauge Douane — VENANT DE L'ÉTRANGER avec Marchandises diverses | VENANT D'UN PORT ANGLAIS — avec Houille | avec Marchandises diverses | NAVIRES ANGLAIS — VENANT DE L'ÉTRANGER avec Marchandises diverses | VENANT D'UN PORT ANGLAIS — avec Marchandises diverses (assimilés) | avec houille (assimilés) | AMÉRICAINS — avec Marchandises diverses (assimilés) | BELGES (Les droits sont autres quand ces navires viennent de Belgique ou d'un port anglais) — VENANT DE L'ÉTRANGER avec Marchandises diverses | HOLLANDAIS — VENANT DE L'ÉTRANGER avec Marchandises diverses |
|---|---|---|---|---|---|---|---|---|---|
| Rapport du Capitaine au greffe | [illegible] | [illegible] | [illegible] | [illegible] | [illegible] | [illegible] | [illegible] | [illegible] | [illegible] |
| Visite d'arrimage | [illegible] | [illegible] | [illegible] | [illegible] | [illegible] | [illegible] | [illegible] | [illegible] | [illegible] |
| Signaux télégraphiques, sur 1,000 tonneaux de fret | [illegible] | [illegible] | [illegible] | [illegible] | [illegible] | [illegible] | [illegible] | [illegible] | [illegible] |
| Droits — Sanitaires | [illegible] | [illegible] | [illegible] | [illegible] | [illegible] | [illegible] | [illegible] | [illegible] | [illegible] |
| de Tonnage | [illegible] | [illegible] | [illegible] | [illegible] | [illegible] | [illegible] | [illegible] | [illegible] | [illegible] |
| de Péage (les nav. chargés de sapin et de glace sont exempts de ce droit) | [illegible] | [illegible] | [illegible] | [illegible] | [illegible] | [illegible] | [illegible] | [illegible] | [illegible] |
| de Sauvetage | [illegible] | [illegible] | [illegible] | [illegible] | [illegible] | [illegible] | [illegible] | [illegible] | [illegible] |
| Congé | [illegible] | [illegible] | [illegible] | [illegible] | [illegible] | [illegible] | [illegible] | [illegible] | [illegible] |
| Passeport, Permis, Timbre | [illegible] | [illegible] | [illegible] | [illegible] | [illegible] | [illegible] | [illegible] | [illegible] | [illegible] |
| Expédition | [illegible] | [illegible] | [illegible] | [illegible] | [illegible] | [illegible] | [illegible] | [illegible] | [illegible] |
| Remorquage entrant / de sortie (varient de 300 à 500 francs) environ | [illegible] | [illegible] | [illegible] | [illegible] | [illegible] | [illegible] | [illegible] | [illegible] | [illegible] |
| Pilotage d'entrée — 26 cent. et 1 ½ % par tonneau jusqu'à 20 milles | [illegible] | [illegible] | [illegible] | [illegible] | [illegible] | [illegible] | [illegible] | [illegible] | [illegible] |
| ½ en sus jusqu'à 40 milles | | | | | | | | | |
| ¾ en sus au-delà de 40 milles | | | | | | | | | |
| d° de sortie (demi du tarif ci-dessus et sur lest seulement, le quart) | [illegible] | [illegible] | [illegible] | [illegible] | [illegible] | [illegible] | [illegible] | [illegible] | [illegible] |
| Bateaux d'aide à l'entrée (genale cadet) | [illegible] | [illegible] | [illegible] | [illegible] | [illegible] | [illegible] | [illegible] | [illegible] | [illegible] |
| d° à la sortie d° | | | | | | | | | |
| ...à l'entrée (par haleurs jusqu'au bassin) par homme | [illegible] | [illegible] | [illegible] | [illegible] | [illegible] | [illegible] | [illegible] | [illegible] | [illegible] |
| d° à la sortie | | | | | | | | | |
| ...à l'entrée (3 fr. 60 par pont, deux ponts) | | | | | | | | | |
| d° à la sortie d° d° | | | | | | | | | |
| Gros ancres, chaînes et grelins faveron à 5 fr. p. ¼ kilog., câbles 1 fr. p. ¼ kilog. | [illegible] | [illegible] | [illegible] | [illegible] | [illegible] | [illegible] | [illegible] | [illegible] | [illegible] |
| Courtage, suivant privilège — 1re qualité | [illegible] | [illegible] | [illegible] | [illegible] | [illegible] | [illegible] | [illegible] | [illegible] | [illegible] |
| 2e d° | | | | | | | | | |
| 3e d° | | | | | | | | | |
| ...sur frais et ports de lettres | [illegible] | [illegible] | [illegible] | [illegible] | [illegible] | [illegible] | [illegible] | [illegible] | [illegible] |
| TOTAL sans courtage | [illegible] | [illegible] | [illegible] | [illegible] | [illegible] | [illegible] | [illegible] | [illegible] | [illegible] |
| Courtage | [illegible] | [illegible] | [illegible] | [illegible] | [illegible] | [illegible] | [illegible] | [illegible] | [illegible] |
| TOTAUX | [illegible] | [illegible] | [illegible] | [illegible] | [illegible] | [illegible] | [illegible] | [illegible] | [illegible] |

(1) La somme de [illegible] francs qui figure pour le remorquage de sortie, est le maximum [illegible]. Ce remorquage peut être fait depuis 15 francs environ, suivant le temps, l'état de la [illegible], la force du remorqueur, et le nombre de navires ayant besoin de la remorque.

# TARIF DES DROITS DE NAVIGATION EN FRANCE EN 1864 **1864** (Ces droits ont été profondément modifiés depuis 1854)

| NAVIRES | DROITS | | | |
|---|---|---|---|---|
| | de tonnage pour le compte de l'État (par tonneau de jauge et passible du double décime) | de péage pour le compte de la ville (sur l'un ou de jauge sans décime) | de sauvetage pour le compte de la Chambre de Commerce (par tonneau de jauge et passible du double décime) | du tarif général (par tonneau de jauge et passible du double décime) |
| | F. C. | F. C. | F. C. | F. C. |
| **FRANÇAIS** | | | | |
| Caboteurs venant des ports français de la Méditerranée | exempts | exempts | 0 02 ½ | exempts |
| Venant des autres ports de France | exempts | exempts | exempts | exempts |
| Venant des pays en pêche ou ayant fait opération de commerce | exempts | exempts | 0 05 | exempts |
| Venant d'Angleterre ou des possessions … chargés de houille | 0 05 | 0 80 | 0 05 | |
| … britanniques en Europe … chargés d'autres marchandises ou de lest | 0 05 ½ | 1 10 | 0 05 | 1 » |
| Venant des autres ports … français pour charger ou mettre à terre leur cargaison | exempts | 0 75 | 0 05 | exempts |
| Venant de l'étranger entrés et repartis sur lest | exempts | exempts | 0 05 | exempts |
| **ÉTRANGERS** | | | | |
| N'ayant pas de traités avec la France — exempts du droit de péage | 3 75 | — — | 0 10 | |
| — assujettis au droit de péage | 2 50 | 2 25 | 0 10 | 3 75 |
| **ESPAGNOLS** | | | | |
| Venant d'Angleterre ou des possessions chargés de houille | 0 05 ½ | 0 80 | 0 05 | 1 » |
| … britanniques en Europe … chargés d'autres marchandises ou sur lest | 0 05 ½ | 1 10 | 0 05 | |
| Dans tous les autres cas | exempts | — | 0 25 | 0 05 | exempts |
| **AMÉRICAINS** | | | | |
| Venant de tous pays (sans décime) | 2 50 | 2 25 | 0 05 | 5 » |
| **ANGLAIS** | | | | |
| Venant d'Angleterre ou des possessions chargés de houille | 0 05 ½ | 0 80 | 0 05 | |
| … britanniques en Europe … chargés d'autres marchandises ou de lest | 0 05 ½ | 1 10 | 0 05 | 1 » |
| Venant de tous autres pays … assujettis au droit de péage | 2 50 | 2 25 | 0 10 | |
| Le traité avec l'Angleterre n'a rien changé aux droits de navigation | | | 0 10 | 3 75 |
| **DANOIS** | | | | |
| Venant de tous pays (sans décime) | 1 10 | 1 45 | 0 05 | 2 10 |
| **ITALIENS** | | | | |
| Venant d'Angleterre ou des possessions chargés de houille | 0 05 ½ | 0 80 | 0 05 | 1 » |
| … britanniques en Europe … chargés d'autres marchandises | 0 05 ½ | 1 10 | 0 05 | 1 » |
| Venant de leur pays | exempts | exempts | 0 05 | exempts |
| Venant des autres pays et passibles de la taxe de péage | 2 50 | 2 25 | 0 10 | 3 75 |
| **BELGES** | | | | |
| Arrivés autrement qu'en relâche forcée, des possessions anglaises en Europe — Sur lest | exempts | 0 75 | 0 05 | exempts |
| — Affectés exclusivement au transport des voyageurs | exempts | 0 75 | 0 05 | |
| — chargés, ayant déjà acquitté les droits dans un autre port français | exempts | 0 75 | 0 05 | exempts |
| — chargés, repartant après relâche coloniale sans avoir effectué opération de commerce | exempts | exempts | 0 05 | exempts |
| — Venus de Belgique | exempts | 0 75 | 0 05 | exempts |
| — Venus d'ailleurs que de Belgique | 3 75 | 2 25 | 0 10 | 3 75 |
| **BELGES** (Suite) | | | | |
| Arrivés autrement qu'en relâche forcée des possessions anglaises en Europe — chargés, faisant des opérations de commerce | 3 75 | 2 25 | 0 10 | 3 75 |
| — chargés, repartant après relâche volontaire sans avoir effectué opérations de commerce | 1 » | exempts | 0 05 | exempts |
| — Affectés exclusivement au transport des voyageurs | 1 f. p. voy. ou 0 05 ½ | 1 10 | 0 05 | 1 » |
| — Sur lest | 1 » | — — | | |
| En relâche forcée | exempts | exempts | 0 05 ou 0 10 | exempts |
| **RUSSES** | | | | |
| Arrivés de Russie ou du grand Duché de Finlande chargés ou sur lest | exempts | 0 75 | 0 05 | exempts |
| Arrivés des possessions britanniques en Europe, sur lest — Ayant déjà acquitté les droits d'un port français | exempts | exempts | 0 05 | exempts |
| — Dans tout autre cas | 0 05 ½ | 1 10 | 0 05 | 1 » |
| chargés — Repartant sans avoir fait opération de commerce | 0 05 ½ | 1 10 | 0 05 | exempts |
| — Ayant déjà acquitté les droits d'un port français | exempts | exempts | 0 05 | exempts |
| — Dans tout autre cas | 2 50 | 2 25 | 0 10 | 3 75 |
| Arrivés d'ailleurs que de Russie ou des possessions britanniques en Europe, sur lest — Repartant sans avoir fait opération de commerce | exempts | exempts | 0 05 | exempts |
| chargés — Et ayant déjà acquitté les droits dans un port français | 2 50 | 2 25 | 0 10 | 3 75 |
| — Dans tout autre cas | exempts | exempts | 0 05 | exempts |
| En relâche forcée de quelque lieu qu'ils viennent | exempts | exempts | | |
| **HOLLANDAIS** | | | | |
| Venant directement des ports de leur pays | exempts | 0 75 | 0 05 | exempts |
| Venant des autres ports et passibles du droit de péage | 2 50 | 2 25 | 0 10 | 3 75 |
| **PORTUGAIS** | | | | |
| Venant d'Angleterre ou des possessions chargés de houille | 0 05 ½ | 0 80 | 0 05 | 1 » |
| … britanniques en Europe … chargés d'autres marchandises | 0 05 ½ | 1 10 | 0 05 | 1 » |
| Venant de leurs pays (sans décime) | 0 05 ½ | 1 05 ½ | 0 05 | 1 » |
| Venant des autres pays et soumis à la taxe de péage | 2 50 | 2 25 | 0 10 | 3 75 |
| **DOMINICAINS** | | | | |
| Venant d'Angleterre ou des possessions chargés de houille | 0 05 ½ | 0 80 | 0 05 | 1 » |
| … britanniques en Europe … chargés d'autres marchandises | 0 05 ½ | 1 10 | 0 05 | 1 » |
| Venant de leurs pays avec chargement ou pour prendre chargement | 1 80 | 0 75 | 0 05 | 2 20 |
| Venant des autres pays et passibles de la taxe de péage | 2 50 | 2 25 | 0 10 | 3 75 |
| **BRÉSILIENS** | | | | |
| Venant d'Angleterre ou des possessions britanniques chargés de houille | 0 05 ½ | 0 80 | 0 05 | 1 » |
| … en Europe autrement qu'en relâche forcée … chargés d'autres marchandises | 0 05 ½ | 1 10 | 0 05 | 1 » |
| Dans tout autre cas | exempts | 0 75 | 0 05 | exempts |

| BOLIVIENS | ORENADINS | HONDURIENS | |
|---|---|---|---|
| DE L'URUGUAY | GUATEMALIENS | NICARAGUAYENS | |
| MEXICAINS | DE COSTA-RICA | HAWAIENS | Même régime que les navires Brésiliens. |
| VÉNÉZUÉLIENS | CHILIENS | SALVADORIENS | |
| EQUATORIENS | PARAGUAYENS | PÉRUVIENS (dans l'un et les autres cas, reçu sud traité à ces navires français) | |

## DD

# Navires anglais en fer.

*Renseignements fournis par M. D.-M. C..., de Liverpool, suivant lettre du 31 Octobre 1863, à M. B..., dont copie ci-après :*

Dear B...,

Your letter of 28th instant duly received, and in answer to your enquiries as to the probable cost of our ships, I may mention that a first class iron sailing ship similar to the R...-C... would cost, all complete and ready for an East voyage within a few pounds of £ 22,000. — The exact cost of our ships we do not know yet as the « first cost accounts » are not made up, but we expect somewhere about the above figure will be the thing. All our ships have iron masts and the rigging is made of the same metal. Yards steel.

R...-C... is 1,170 tons and would carry, if well stowed, about 2,200 tons of your french goods, I mean weight and measurement. — Our ships carry immense cargoes for their tonnage. They were built, as you are aware, by MM. R... K..., Glasgow, about the best iron ship builders in the kingdom. If the friends you speak of or any others thought of building a vessel, they could not do better than see or write to my brother D... of the subject, as he knows personally nearly all the shipbuilders on the Clyde, where the finest and cheapest ships and steamers are built. At present, he is looking after the building of two or three iron ships for firms in this town.

It can do no harm to let you know that a vessel anything of the finish and style of one of ours, could not be built anywhere, in France, under £ 25,000 or £ 26,000.

Signé : D.-M. C...

## EE

**COMPTE** de Carène, Armement et mise dehors du Trois-Mâts français **A**, Capitaine ***, parti du Havre pour Saïgon (Cochinchine). — (1er voyage).

Achat　　　　　　　　　　　　　　　　　　　　1.000 tonn. lourd

| | | |
|---|---|---|
| Coût | F. 135.000 — | |
| Courtage d'achat | » 369 — | |
| | F. 135.369 — | |
| Droits de francisation, 672 tonn. 835 | » 1.345 90 | |
| Valeur 29 Mars 1867 | | F. 136.714 90 |
| Main-d'œuvre | | » 7.037 85 |
| Carène | | » 21.203 90 |
| Armement | | » 21.736 05 |
| | | F. 186.692 70 |

**COMPTE** d'Achat, Carène, Armement et mise dehors du Trois-Mâts français **B**, capitaine ***, parti du Havre pour Yokohama et Yokoska (Japon), le 17 Mai 1866. — (1er voyage).

Achat　　　　　　　　　　　　　　　　　　　　1.500 tonn. lourd

| | | |
|---|---|---|
| Coût | F. 215.000 — | |
| Courtage d'achat | » 592 — | |
| | F. 215.592 — | |
| Droits de francisation, 1,006 tonn. 32 | » 20.126 65 | |
| Valeur 16 Mars 1866 | | F. 235.718 65 |
| Main-d'œuvre | | » 7.248 — |
| Carène | | » 29.682 75 |
| Armement | | » 30.278 55 |
| | | F. 302.927 90 |

**COMPTE** d'Armement et mise dehors du Trois-Mâts français **C**, capitaine ***, parti du Havre pour Singapore, Saïgon, Hong-Kong, Woosung (Chine) et Kokohama (Japon), le 4 Mars 1866. — (1er voyage).

Achat　　　　　　　　　　　　　　　　　　　　1.200 tonn. lourd

| | | |
|---|---|---|
| Coût d'un Trois-Mâts de 859 tonneaux | F. 170.000 — | |
| Courtage d'achat | F. 459 — | |
| Francisation, 786 tonn. 22, à F. 20 | » 15.724 65 | |
| Valeur 7 Février 1866 | | » 16.183 65 |
| Main-d'œuvre | | » 6.496 70 |
| Armement et Carène | | » 51.272 10 |
| | | F. 243.952 45 |

**FF**

## NAVIRE GRÉÉ EN TROIS-MATS BARQUE (N° 37)

Modèle exposé au Havre, sur chantier, avec lancement de côté.

Sera à peu près comme le *Niagara* de 656 last ou le *Félix-Mendelzohn* de 665 last.

Ce dernier prend 275 passagers d'entrepont et 85 passagers dans le roufle, ensemble 360 passagers, selon la loi américaine.

Pour être livré au printemps 1869, le navire est monté en bois tors, et l'on est occupé à poser les carlingues et les barrots.

Si, demandé, l'on pourra faire maintenant quelques changements sans grands frais ; sera muni d'une mécanique brevetée pour lever les ancres (d'un patent spill de **MM.** Brown et Harfield, tel qu'on peut le voir sur le modèle).

Prix : 65,000 thalers à 17 1/2 = Fr. 267.400.

## NAVIRE GRÉÉ EN TROIS-MATS BARQUE (N° 36)

Modèle exposé au Havre, sur chantier, avec lancement droit.

Sera à peu près comme le *Saint-Bernhardt*, 553 1/2 last, jaugé au Havre (Novembre 1861) 670 tonn. avec chargement de froment, 12,819 sacs = 36,160 bushels 427 barils farine, 6,000 merrains, soit 1,030 tonn.

Ou comme le navire *Elena* de 572 last, jaugé au Havre en Juin 1862 pour 678 tonn. avec 1,030 tonn. de froment.

L'*Elena* a été jaugé au Havre en Juin 1864 pour 727 tonn.

Le *Saint-Bernhardt* prend 245 passagers d'entrepont et 62 passagers dans le roufle.

L'*Elena* prend 244 passagers d'entrepont et 63 passagers dans le roufle, selon la loi américaine.

Pourra être livré en automne prochain, sera muni d'un guindeau (Battspill) ordinaire.

Prix : 56,000 thalers à 17 1/2 = Fr. 230,400.

## GG

# Mode de jaugeage des Navires en Angleterre, par le constructeur.

(Voir le « Merchant Shipping Act » pour le jaugeage des navires par la Douane.)

Le tonnage, d'après le constructeur, est essentiellement différent du tonnage du Registre, vu que l'on ne fait pas mention de la profondeur, et que les dunettes, gaillard d'avant et les logements n'y sont pas compris. On le trouve par la règle suivante, savoir : de la longueur entre les perpendiculaires, déduisez 3/5 de la largeur, puis multipliez la différence par la largeur, et par la moitié de la largeur, puis divisez par 94. Le quotient sera le tonnage d'après le constructeur.

## HH

# Mode de jaugeage des Navires en France, par la Douane.

Le tonnage des bâtiments est calculé de la manière suivante .

« Ajouter la longueur du pont prise de tête en tête à celle de la quille, de l'étrave à
» l'étambot ; déduire la moitié du produit, multiplier le reste par la plus grande
» largeur du navire au maître bau, multiplier encore le produit par la hauteur de la
» cale et de l'entrepont, épaisseur du pont non comprise, et diviser par 3.80. Si le
» navire n'a qu'un pont, prendre la plus grande longueur du bâtiment, multiplier par
» sa plus grande largeur au maître bau, et le produit par la plus grande hauteur, puis
» diviser par 3.80. »

La largeur comme la longueur se prend de dedans en dedans ; la hauteur ne doit
pas comprendre la sentine, partie de la cale où les eaux se réunissent, elle se
prend des planches sans avoir égard à la carlingue ni au barrot.

On doit aussi défalquer la coupée, de la hauteur quand le navire a cette forme de
construction.

## KK

*Renseignements pris chez M. X..., courtier de navires au Havre.*

En général, les grands navires anglais jaugent moins en France que chez eux ; cela tient à ce que l'on comprend dans la jauge anglaise les dunettes, les coupées ou demi-dunettes, et roufles non employés au logement de l'équipage.

Par contre, leurs petits navires jaugent plus en France qu'en Angleterre ; généralement, ils n'ont ni roufles ni dunettes, et tous logent les équipages et les officiers sous le pont. Ces logements sont déduits de la jauge anglaise, et en France ils y sont compris.

Le bau du « Register » est pris hors bordé, et non de dedans en dedans.

Le creux est celui du maître couple, et non le plus grand.

Voici des dimensions relevées sur le certificat du « Register » pour le *Matoake*, et à côté sa jauge à la douane du Havre :

| | | | |
|---|---|---|---|
| Longueur sous 2e pont, de l'étrave à l'étambot....... | 198 F. 8 | | 60 m.59 |
| Bau hors bordé...................................... | 37 | 9 | 11 55 |
| Creux au maître couple ............................. | 22 | 3 | 6 80 |
| Jauge officielle : sous le pont..................... | 990 T. 34 | | 1,092 T. 57 |
| dunette....................... | 102 | 23 | |
| Jauge de douane au Havre............................ | | | 1,073 12 |
| Différence en moins................ | | | 19 T. 45 |

Jauge d'après les dimensions réduites, en prenant 0.80 d'épaisseur des deux murailles, 1,130. L'excès sur la jauge trouvée par la douane vient de la longueur moyenne.

La différence de 19 Tx 45 est la plus faible de toutes celles que nous avons constatées chez M. X...

**MM**

## NAVIRES ANGLAIS

| JAUGE DE DOUANE | | PORT EN LOURD | |
| --- | --- | --- | --- |
| 350 | | 519 | |
| 614 | | 818 | |
| 283 | | 332 | |
| 587 | | 906 | |
| 439 | | 561 | |
| 1246 | | 1345 | |
| 1745 | | 2183 | |
| 1065 | | 1241 | |
| 914 | | 1226 | |
| 1534 | 8777 | 2060 | 11191 |
| 1347 | | 1674 | |
| 1067 | | 1178 | |
| 2163 | | 2799 | |
| 1683 | | 1835 | |
| 906 | | 1323 | |
| 1098 | | 1545 | |
| 1048 | | 1418 | |
| 1070 | | 1437 | |
| 1057 | | 1486 | |
| 1095 | 12634 | 1646 | 16341 |
| 1306 | | 1560 | |
| 1234 | | 1449 | |
| 613 | | 604 | |
| 843 | 3996 | 1664 | 5277 |

## NAVIRES FRANÇAIS

| JAUGE | | PORT EN LOURD | |
| --- | --- | --- | --- |
| 475 | | 612 | |
| 744 | | 1205 | |
| 355 | | 439 | |
| 1064 | | 1847 | |
| 414 | | 512 | |
| 346 | | 457 | |
| 536 | | 634 | |
| 691 | | 1081 | |
| 550 | | 613 | |
| 473 | 5648 | 521 | 7921 |
| 593 | | 964 | |
| 1064 | | 1851 | |
| 400 | | 580 | |
| 899 | | 1082 | |
| 1277 | | 1997 | |
| 587 | | 705 | |
| 593 | | 731 | |
| 721 | | 903 | |
| 526 | | 739 | |
| 458 | 7118 | 572 | 10124 |
| 328 | | 568 | |
| 594 | | 673 | |
| 470 | | 569 | |
| 1920 | | 2799 | |
| 496 | | 654 | |
| 481 | | 620 | |
| 593 | | 722 | |
| 590 | | 667 | |
| 580 | | 656 | |
| 593 | 6645 | 711 | 8639 |

## NAVIRES AMÉRICAINS

| JAUGE DE DOUANE | | PORT EN LOURD | |
| --- | --- | --- | --- |
| 876 | | 1300 | |
| 1266 | | 1585 | |
| 825 | | 869 | |
| 660 | | 972 | |
| 733 | | 1109 | |
| 421 | | 582 | |
| 367 | | 517 | |
| 915 | | 1109 | |
| 336 | | 454 | |
| 1025 | 7424 | 1000 | 9497 |
| 399 | | 634 | |
| 458 | | 580 | |
| 1801 | | 2238 | |
| 1547 | | 1648 | |
| 1199 | | 1567 | |
| 1183 | | 1774 | |
| 847 | | 1275 | |
| 413 | | 579 | |
| 347 | | 434 | |
| 1334 | 9528 | 1477 | 12206 |
| 1248 | | 2362 | |
| 677 | | 1067 | |
| 1035 | | 1480 | |
| 849 | | 1354 | |
| 592 | | 999 | |
| 422 | | 573 | |
| 1060 | | 1383 | |
| 980 | | 1149 | |
| 680 | | 973 | |
| 1009 | 8552 | 1480 | 12820 |

**OO**

# CONSTRUCTIONS NAVALES

Quelques observations sur les Constructions françaises et anglaises.

Coût du Navire construit en 1863, à Honfleur :

| | |
|---|---|
| F. 177.000 | Coque |
| 22.000 | Màture |
| 20.000 | Grécment |
| 13.000 | Voilure |
| 17.500 | Ancres |
| 10.000 | Forge |
| 2.300 | Ceintres |
| 4.300 | Roles de journées |
| 5.500 | Divers, matériel |
| 1.100 | Dépenses diverses |

F. 273.000
4.000   escomptes à déduire

F.   269 000   pour 622 tonneaux, soit F. 432 37 par tonneau.

Mais le navire a sur le pont une demi-dunette quasi dunette, un roufle et un gaillard.

Dans la demi-dunette, on peut mettre 150 mètres ou 110 tonneaux, et cette demi-dunette n'est pas jaugée. Elle a 1 mètre 75 de hauteur.

Sur devis de construction, on pourrait continuer le pont de cette dunette jusqu'au gaillard d'avant, pour 14,000 fr.; on aurait un entrepont de 46 mètres de long sur 9 mètres de large et 1 mètre 70/75 de hauteur.

Ce serait ajouter à la jauge du navire :

$$46 \times 6 \times 1.75 : 3.80 = 190 \text{ ton. } 65 \text{ cent.}$$
$$+ 622 \quad \text{»} \quad — \quad \text{»}$$

812 ton. 65 cent. pour F. 269.000
plus   14.000

F. 213.000
ou F. 348 24 par tonneau.

Soit donc, pour le navire dans le port, avec demi-dunette jusqu'au grand màt, roufle et gaillard, F. 432 47 par tonneau de jauge; et pour le même navire, sans demi-dunette, roufle ni gaillard, avec simple corps-de-garde, mais la demi-dunette ci-dessus convertie en troisième pont, F. 348 24 par tonneau de jauge.

## Résumé

| 622 tonneaux de jauge, avec demi-dunette, roufle, etc. | 812 ton. de jauge, avec 3ᵉ pont au lieu de demi-dunette,etc. | |
| --- | --- | --- |
| F. 269.000 | F. 283.000 | Coût avant mise en charge, suivant note qui précède. |
| | | Frais de Navigation. Armement pour la Plata |
| | | F. 8.646 Vivres, passagers compris |
| | | 2.693 Avances à l'équipage |
| | | 11.500 Assurance du voyage |
| | | 1.300 Embarquement de la cargaison |
| | | 356 Pilotage de sortie |
| | | 100 Remorquage |
| | | 139 Insertions |
| | | 1.160 Agence Paris |
| | | 7.606 Nos commissions, achat et fret de sortie |
| | | F.33.500 |
| 33.500 | 33.500 | |
| F. 302.500 | F. 316.500 | |
| ou | ou | |
| F. 486 33 | F. 389 46 | |
| par ton. de jauge de Douane | par ton. de jauge de Douane | |

Mais le navire construit à 486 fr. 33 par tonneau de jauge portera, relativement à sa jauge de douane, une proportion plus forte que celui construit à 389 fr. 46.

Le B... est sorti pour la Plata avec 1,500 mètres cubes de marchandises pour 622 tonneaux de jauge, tandis que, dans les secondes conditions, il n'aurait probablement pu porter plus de 1,700 mètres pour 812 tonneaux; soit :

> 2 mètres 41 par tonneau dans le premier cas,
> et 2 — 09 » dans le deuxième cas.

En général, les navires anglais et américains sont peu chargés sur leurs ponts et les français beaucoup. Il en résulte que nos constructions parraissent plus cher que les constructions anglaises, mais au fait et au prendre elles ne le sont pas.

En outre, nous avons des épaisseurs de bordages et vaigrages que n'ont pas les navires étrangers.

Havre. — Imprimerie de G. Cazavan et Cᵉ, rue St-Julien, 16.

www.ingramcontent.com/pod-product-compliance
Ingram Content Group UK Ltd.
Pitfield, Milton Keynes, MK11 3LW, UK
UKHW020909120726
13693UKWH00003B/960